Erika Schuchardt / Lew Kopelew

Die Stimmen der Kinder von Tschernobyl

HERDER / SPEKTRUM

Band 4476

Das Buch

Zehn Jahre nach der Katastrophe von Tschernobyl: Leidtragende sind noch immer die betroffenen Kinder und ihre Familien. Erika Schuchardt, vielfach ausgezeichnete Anwältin Betroffener, hat sich über viele Jahre mit den Kindern, ihren Eltern und Gasteltern auf den Weg wechselseitiger Begegnung, Bildung und Begleitung hier und in Weißrußland sowie in der Ukraine eingelassen. Gerade diese Kinder werden zu Botschaftern des Friedens und der Verständigung. Sie schöpfen nicht nur für sich selbst neue Kräfte. Sie verändern auch ihr Land. Und von der Begegnung mit ihnen, vom Hinhören auf ihre Erfahrung lernen wir alle: Ein engagiertes Dokument der Menschlichkeit. Ein Beweis, was soziale Phantasie und beispielhafte Nächstenliebe vermögen. „Eigenständig, präzise wissenschaftlich, leidenschaftlich publizistisch und zugleich lyrisch. Diesem Buch wünsche ich möglichst viele Leser, vor allem Staatsmänner, Politiker, Journalisten und alle Menschen guten Willens" (Lew Kopelew).

Die Autoren

Erika Schuchardt, Dr. phil. habil., geb. 1940 in Hamburg, Professorin für Bildungsforschung und Erwachsenenbildung an der Universität Hannover, Synodale der EKD von 1972 bis 1990, Mitglied in ökumenischen Gremien des Weltkirchenrates, Vizepräsidentin der Dt. UNESCO-Kommission seit 1986, Mitglied des Deutschen Bundestages (MdB) seit 1994. Für ihr Buch „Warum gerade ich ...? Leben lernen in Krisen" ausgezeichnet mit Literaturpreis. Sie legt hier das Ergebnis langjähriger Forschungsarbeit vor.
Lew Kopelew, geboren 1912 in Kiew, studierte Philosophie und Germanistik, Promotion 1941, bis 1945 Fronteinsatz als Propagandaoffizier. Im letzten Kriegsmonat verhaftet, Anklage: Mitleid mit dem Feind. Fast zehn Jahre Straflager. Nach Rehabilitierung 1956 Hochschullehrer in Moskau am Institut für Kunstgeschichte. Seit 1980 in der Bundesrepublik. 1981 Ausbürgerung, Forschungsprofessur. 1981 Friedenspreis des deutschen Buchhandels.

Erika Schuchardt /
Lew Kopelew

Die Stimmen der Kinder von Tschernobyl

Geschichte einer stillen Revolution

Herder
Freiburg · Basel · Wien

Mit dem Kauf dieses Buches unterstützen Sie die Arbeit
zugunsten der Kinder von Tschernobyl
und ihrer Eltern in Weißrußland und der Ukraine.

Gedruckt auf umweltfreundlichem,
chlorfrei gebleichtem Papier

Originalausgabe

Herstellung: Freiburger Graphische Betriebe 1996
Umschlaggestaltung: Joseph Pölzelbauer
Umschlagmotiv:
Frantisek Kupka, Die Scheiben von Newton (1911–12)

ISBN 3-451-04476-5

„Tschernobyl, das ist für mich TATJANA*;*
und TATJANA, *das ist für mich Tschernobyl.*
TATJANA *und ich,*
wir gehören doch ganz einfach zusammen,
so wie der Regenbogen"

ANNA, ein Kind aus Deutschland

Für TATJANA *und* ANNA
und alle die Kinder aus Tschernobyl
mit ihren Familien aus Ost und West
in Dankbarkeit für ihr Vertrauen
und voller Hoffnung
auf den Sieg ihrer stillen Revolution

Diese Psychosozial-Studie zur Entwicklung von Empfehlungen wurde – angeregt durch die Ständige Vertretung der Bundesrepublik Deutschland bei der UN in Wien – für das (jetzt aufgelöste) Tschernobyl-Koordinations-Büro der Vereinten Nationen bei der Internationalen Atomenergie-Behörde in Wien angefertigt.

Der *empirische* Teil der Studie entstand unter Mitarbeit von:

auf *belarussischer* Seite

Anatoli Istomenok
Michail Kaslovski
Dr. Piotr Sadouski
Irina Ussowa

auf *deutscher* Seite

Dr. Mario Feigel
Dr. Helge-D. Schenk
Frank Nägele
Mark Speich

auf *beiden* Seiten mit

Kollegen und Studierenden, Kindern, Gasteltern und -geschwistern, Herkunftsfamilien, Vertretern der verschiedenen Tschernobyl-Initiativen und Politikern aus beiden Ländern. Stellvertretend werden genannt.

Dirk Heuer, Stefan Lilje, Peter Przybilla

Inhalt

„Tschernobyl mahnt!“

Gedächtnisverlust bei einem einzelnen Menschen ist eine schwer heilbare Krankheit – Amnesie, ein Unglück für den Betroffenen und für seine Angehörigen. Gedächtnisverlust eines Volkes, Amnesie einer Nation, deren politische Leiter, Journalisten, Pädagogen ihre Vergangenheit vergessen, aus welchen Gründen auch immer, verdrängen oder verzerren, bedeutet eine äußerste Gefahr für die Betroffenen, für deren Landsleute und Nachbarvölker.

Tschernobyl ist ein mahnendes Zeichen, es verkündet ein neues Zeitalter, das mit der Vernichtung Hiroshimas begann. Die Psychosozialstudie von ERIKA SCHUCHARDT bringt die Notwendigkeit zum Ausdruck, immer wieder an Hiroshima und Tschernobyl zu erinnern.

Der Zerfall der zweitgrößten Atommacht hat die Gefahr von neuen Katastrophen dieser Art nicht gebändigt, auch nicht verringert, im Gegenteil, eher verschärft, denn eine schwere Granate oder Luftbombe kann jedes AKW im Osten, das den westlichen Sicherheitsstandards nicht entspricht, zu einer zehnfachen Hiroshima-, zu einer mehrfachen Tschernobylkatastrophe machen.

Die Studie von ERIKA SCHUCHARDT ist ein eigenständiges Werk, präzise wissenschaftlich, leidenschaftlich publizistisch und zugleich lyrisch. Diesem Buch wünsche ich möglichst viele Leser, vor allem Staatsmänner, Politiker, Journalisten und alle Menschen guten Willens. Im Lichte der immer noch nicht erloschenen Flammen des Tschernobylreaktors, dessen Opfer immer zahlreicher werden, muß man auch die Ereignisse in Bosnien und in Tschetschenien betrachten.

Tschernobyl, das schreckliche Los der Kinder von Tschernobyl, die heute noch zum Leiden und zu frühem Tod verurteilt, geboren werden, lehrt eindeutig: Es gibt keine unantastbaren internen Angelegenheiten – in keinem Land, besonders nicht in solchen, wo ABC-Waffen gelagert sind und AKW's unentbehrlich scheinen. Es muß endlich das begriffen und erreicht werden, wovon ANDREJ SACHAROW träumte, was er vorlebte und wozu er seine Zeitgenossen aufforderte – Einheit von Wissenschaft, Politik und Moral.

Das ist kein Wunschtraum mehr. Die durch ERIKA SCHUCHARDT laut gewordenen *Stimmen aus Tschernobyl* beweisen, daß diese Einheit eine Conditio sine qua non ist, entscheidend dafür, daß unser Planet bewohnbar bleibt.

Marmagen, 14. März 1995 LEW KOPELEW

Aus der Sicht des Außenministers

Die vorliegende Studie *Die Stimmen der Kinder von Tschernobyl. – Geschichte einer stillen Revolution,* ist die erste empirische Arbeit, die gemeinsam von Menschen aus Weißrußland, der Ukraine und der Bundesrepublik Deutschland entwickelt wurde und 1500 *Stimmen rund um Tschernobyl* durch Interviews und Befragungen öffentlich macht. Sie untersucht vorrangig die psychosoziale Problematik strahlengeschädigter Kinder aus der Umgebung von Tschernobyl. Dabei wird auch die „Kulturschock-These" aufgegriffen. Es ist ein für die weltweite Diskussion wichtiges Ergebnis dieser wissenschaftlichen Arbeit, daß der „Kulturschock" bei Besuchen im Westen tatsächlich ein „Phantom" ist. Die Studie weist nach, daß durch den Besuch der Kinder von Tschernobyl in deutschen Familien eine kulturelle Begegnung stattgefunden hat, die dazu beiträgt, seelisches Leid zu mildern und verlorengegangenes Zukunftsvertrauen wiederzugewinnen.

Frau Prof. Dr. Erika Schuchardt zeigt, wie durch ihr persönliches Engagement und ihr eigenständiges Handeln zahlreiche Kontakte zwischen den Gasteltern und Gastgeschwistern in Deutschland und den Herkunftsfamilien in Weißrußland und der Ukraine entstehen konnten. Sie selbst wird dadurch zu einer Botin des Friedens und der Hoffnung. Sie setzt ein Zeichen, und ich möchte sie dabei unterstützen. Politik und Wirtschaft, Wissenschaft und Kultur, Lehrer und Schüler sind 10 Jahre nach dem schrecklichen Geschehen aufgerufen, Wege zu einer engeren Zusammenarbeit zu suchen.

Bonn, 13. August 1995 — Klaus Kinkel

Einem Geheimnis auf der Spur

Wenn das Geheimnis zu groß ist, wagt man nicht zu widerstehen (SAINT-EXUPÈRY, *Der kleine Prinz*), so traf mich die Erfahrung Saint-Exupèrys: unmittelbar in zahllosen Begegnungen mit Menschen aus Stadt und Land bis in die entlegensten Dörfer Weißrußlands und der Ukraine. Bis dahin hatte ich nicht gewußt, daß es in der Welt so still, so einsam, so ausweglos und dennoch hoffnungsvoll sein kann.

Angefangen hatte alles damit, daß ich mich auf Bitten der Ständigen Vertretung der Bundesrepublik Deutschland bei den Vereinten Nationen in Wien mit Kontakten zum Tschernobyl-Referat der Internationalen Atomenergie-Behörde (IAEA) – existent bis 1993 – darauf eingelassen hatte, eine Studie zur Verbesserung der psychosozialen Lebensbedingungen der Menschen in Tschernobyl zu erstellen. Daß aus dieser 1991 an mich ergangenen Anfrage – aufgrund meiner Veröffentlichungen zur Bewältigung von Lebenskrisen auf der Basis von Analysen neuerer Biographien der Weltliteratur (über 1000)* – eine unendliche Geschichte werden sollte, ahnte ich nicht. Von dieser Geschichte des Umdenkens in Ost und West, der stillen Revolution der Kinder von Tschernobyl, soll hier berichtet werden.

Betroffene Mit-Menschen werden erzählen: Kinder – die

---

* Vgl. dazu SCHUCHARDT, ERIKA: *Warum gerade ich ...? Leben lernen in Krisen*, 9. erw. u. durchgesehene Aufl. Göttingen 1996; Übersetzungen in mehreren Sprachen, ausgezeichnet mit Literaturpreis.

Botschafter von Tschernobyl –, Gasteltern und Gastgeschwister in Deutschland, Herkunftsfamilien in Weißrußland und der Ukraine, sowie Politiker aus Ost und West. Was mit dem Auftrag einer Psychosozial-Studie begann, mündete ein in die Dokumentation einer die Wirklichkeit ändernden Bewegung, die von Tschernobyl ausgeht. Ihnen, die sich mir anvertrauten, und allen denen, die sich mit uns und den kleinen Botschaftern gemeinsam auf den Weg machten, um in den öffentlichen Raum einzutreten, ist diese Studie gewidmet.

Die Stimmen der betroffenen Menschen, die hier laut werden, rufen uns das ganze Ausmaß der Katastrophe von Tschernobyl erneut ins Gedächtnis. Sie erinnern an die menschliche Dimension des Unglücksfalls, ermutigen uns aber zugleich, neue Konzepte wirksamer, d.h. vor allem: sensibler Hilfe zu entwickeln. Dabei denke ich zuallererst daran, Begegnungen zu ermöglichen. Jede Begegnung mit einem atomverstrahlten Kind und seinem familiären Umfeld ist eine Brücke zu den Menschen im Osten. Bauen wir solch eine breite Brücke! Nicht nur um den unschuldigen Opfern der Explosion Beistand zu leisten, sondern auch, um uns selbst zu erkennen.

Dies ist für mich der einzig denkbare Versuch, ohne Verdrängung mit dieser Katastrophe leben zu lernen. Ihr Ausmaß und ihre Schrecken waren zu groß. Zu tief sitzt in unserem Innern die Angst vor dieser bösen Frucht unserer hochtechnisierten Zivilisation, allzu deutlich sind uns ihre Schrecken in jenem Frühjahr 1986 zu Bewußtsein gebracht worden.

Oft genug kommt es vor, daß m.E. sogar völlig irrelevante, falsche Deutungsansätze Verbreitung finden wie jene immer wieder vorgebrachte Behauptung, daß die Kinder aus Tschernobyl durch einen Besuch im Ausland einen sogenannten „Kulturschock" erleiden würden. Nichts lasse ich unversucht, um dieser Interpretation zu widersprechen.

Wie kann, wie soll es weitergehen? In dieser Studie will ich mir selbst Rechenschaft ablegen – über meine Aktivitäten und meine persönliche Betroffenheit. Vielleicht erscheint sie manchen Lesern nur als Versuch, diesem weiter wirkenden Schrecken erfolgreich zu begegnen. Es geht mir jedoch darum, die Stimmen der von Tschernobyl betroffenen Menschen lauter zu machen, ihnen aus dem Schweigen heraus Gehör zu verschaffen, damit dieses Buch als Mahn-Wache vor den Gefahren unserer Verfügung über Atomenergie verstanden wird und wirken kann.

Mein Anliegen ist es, Anregungen zu geben, Menschen wachzurütteln und zu Mitarbeit aufzurufen auf dem beschwerlichen Weg zu den todgeweihten Kindern von Tschernobyl. Vielleicht kann ein solches Begleiten der Beginn von durchgreifenden und angemessenen politischen Entwicklungen werden – Entwicklungen, die in der leidvollen und stillen Revolution der Kinder von Tschernobyl ihren Ausgangspunkt haben.

An dieser Stelle möchte ich Lew Kopelew meinen Dank dafür aussprechen, daß er mit seiner Lebenserfahrung und seinem unbestechlichen Blick für Menschen und Völker diese Studie über Jahre begleitet, durch seine Beiträge gefördert und schließlich mit herausgegeben hat.

1. Erinnerung an eine Katastrophe

Am 26. April 1986 kam es im Block IV des Kernkraftwerks von Tschernobyl in der Ukraine zur bislang größten Katastrophe der Atomindustrie. Ein Experiment geriet außer Kontrolle, eine Explosion zerstörte das Reaktorgehäuse, die Brennstäbe begannen zu schmelzen und Radioaktivität entwich. Wieviel radioaktives Material in die Atmosphäre geschleudert wurde, läßt sich nur annähernd ermitteln. Man geht von mindestens sieben Tonnen aus. Damit war der GAU, der „größte anzunehmende Unfall", erstmals im Bereich der kommerziellen Nutzung der Atomenergie eingetreten.

Während der Alarm der Strahlenschutzabteilung im schwedischen Kraftwerk Forsmark zwei Tage später die nord- und mitteleuropäischen Staaten in Aufruhr versetzte, hatte man in der Ukraine und den umliegenden Sowjetrepubliken versucht, das Ausmaß der Katastrophe herunterzuspielen, um jede öffentliche Aufregung zu vermeiden. Nur zögernd wurden Umsiedlungsmaßnahmen eingeleitet, und viele der in der weiteren Umgebung des Unglücksreaktors lebenden Menschen setzten sich unzureichend informiert schutzlos der tödlichen Strahlung aus. Das gilt auch für jene 230000 Arbeiter, sogenannte *Liquidatoren* (vgl. dazu besonders Kapitel 3), die den Reaktor in den folgenden Wochen mit einem mehrere Meter dicken Beton- und Stahlmantel, dem sogenannten Sarkophag, versahen.

Zwei Drittel aller ausgestoßenen Radionukliden gingen

auf belarussischem Territorium nieder. Betroffen ist jeder fünfte der insgesamt etwa 10 Millionen Einwohner, darunter auch 500 000 Kinder. Über ein Drittel des Territoriums von Weißrußland wurden radioaktiv verseucht (zum Vergleich: 4,8 Prozent des ukrainischen und 0,5 Prozent des russischen Territoriums wurden ebenfalls kontaminiert). Die Halbwertzeit der meisten ausgeschleuderten Radionuklide, Caesium-137 und Strontium-90, beträgt etwa 30 Jahre. 1994, acht Jahre nach der Katastrophe, hat sich die Verseuchung um 18 Prozent verringert, aber die Löslichkeit der Radionuklide erhöht sich und deshalb werden sie von Pflanzen, einschließlich Pilzen und Beeren, aufgenommen und vergiften diese.

Die Strahlenwolke erreichte auch Deutschland. Vor allem in Bayern wurden stark erhöhte Strahlenwerte gemessen. Bei Waldpilzen und Wild werden noch heute erhöhte Werte festgestellt.

Insgesamt herrscht große Unklarheit über die tatsächliche Zahl der Opfer. Während die ukrainische Gesundheitsbehörde zum neunten Jahrestag des Unglücksfalls mitteilte, daß allein in der Ukraine insgesamt 125 000 Menschen an den Folgen des atomaren GAUs gestorben seien, werden aus Belarußland, das erheblich stärker von der Strahlenwolke betroffen war, weitaus geringere Zahlen gemeldet. Während Experten die Höhe der ukrainischen Zahlen bezweifeln, erscheinen ihnen diejenigen aus Weißrußland als viel zu niedrig (Vgl. *Die Zeit* vom 19. Mai 1995). Das gesundheitliche Ausmaß der Katastrophe läßt sich vielleicht am ehesten anhand des Schicksals der Liquidatoren verdeutlichen. Während 1986 noch 78 Prozent von ihnen als gesund eingestuft wurden, galt dies 1994 nur noch für 48 Prozent (Vgl. *Frankfurter Rundschau* vom 27. April 1995). Nahezu 10 000 dieser Arbeiter sollen bis heute gestorben sein, doch läßt sich auch diese Zahl nicht eindeutig ermitteln; von offizieller Seite werden die Umsiedlungsmaßnahmen als Erklärung herangezogen.

Nach dem Unglück brannte es bis Anfang 1993 noch mindestens dreimal in dem riesigen Kraftwerkskomplex. Dennoch wurden die drei nicht zerstörten Reaktorblöcke wieder in Betrieb genommen. Auf internationalen Druck hin beschloß das ukrainische Parlament dann 1991, das Atomkraftwerk bis Ende 1993 stillzulegen. Am 21. Oktober 1993 stimmten die Abgeordneten dann aber mit 221 gegen 38 Stimmen für den Weiterbetrieb. Ihre Begründung war: nur mit der Atomkraft aus Tschernobyl könnten die anhaltenden Energie-Engpässe in der Ukraine überwunden werden.

Neue Schreckensmeldungen lassen die Welt inzwischen aufhorchen. Der Sarkophag ist brüchig geworden und weist Risse auf, durch die in geringen Mengen erneut Radioaktivität entweicht. Würde die Betonplatte zusammenbrechen und ins Reaktorinnere fallen, könnte nach Expertenmeinung eine sogar größere radiokative Wolke als jene von 1986 aufgewirbelt werden. Der Ukraine ist es unmöglich, die geschätzten 5 bis 10 Milliarden Dollar aufzubringen, die notwendig wären, um eine langfristige Sicherung des zerstörten Meilers herbeizuführen. Angesichts dieser Summen scheinen auch die westlichen Länder trotz der Bedrohung ihrer eigenen Sicherheit nur zögerlich bereit, der Ukraine in ausreichendem Maße finanziell beizustehen.

Zehn Jahre nach dem Super-GAU hat der Reaktorunfall längst den Rang eines welthistorischen Ereignisses erhalten. Seit die Tragödie von Tschernobyl unkontrolliert ihren Lauf nahm und ihr ganzes Ausmaß offenbar wurde, ist der Name des Unglücksortes zum Synonym für vom Menschen verschuldete technische Katastrophen schlechthin geworden. In Erinnerung kommt, was Karl Jaspers zum Verhältnis von Mensch und Atombombe niedergeschrieben hat: *„An der Grenze unseres Machens liegt erst der ganze Ernst* *unseres Denkens. Unser Zeitalter muß lernen, daß nicht alles zu ‚machen' ist.“*

Das nukleare Feuer von Tschernobyl war kein gewöhnlicher Unfall, dessen Trümmer man beiseite räumen, dessen Schäden man reparieren und dessen immaterielle Folgelasten man wiedergutmachen konnte. Auch nachdem die glühenden und strahlenden Reste des zerstörten Reaktors unter einem Betonmantel notdürftig begraben und – viel zu spät – Evakuierungsmaßnahmen eingeleitet wurden, sind Zehntausende vom Tode bedroht, Hunderttausende für ihr Leben geschädigt und beträchtliche Teile ukrainischen und weißrussischen Bodens für nahezu alle Zeiten unbewohnbar geworden. So bleibt der Atomreaktor von Tschernobyl ein Feuerofen in den Seelen der Betroffenen.

Tschernobyl sollte, gerade ein Jahr nach der Wahl MICHAIL GORBATSCHOWS zum Generalsekretär der KPdSU, zum Markstein einer Epochenwende und zum unerbittlichen Maßstab für die propagierte neue Offenheit der sowjetischen Politik werden. In bezug auf Tschernobyl versagte „Glasnost". Stattdessen setzte sich die auf Desinformation und Geheimhaltung beruhende sowjetische Informationspolitik alten Stils fort. In der Verschleierungspolitik der Moskauer Zentrale stellten die betroffenen Menschen eine beliebige Verfügungsmasse der Apparatschiks dar. Um das nuklear verseuchte Gebiet zu verkleinern, beschloß das Zentralkommittee der KPdSU schlicht, die maximal zulässige Strahlendosis heraufzusetzen. So war es möglich, Kraftwerksmitarbeiter aus Pripjat in das ebenfalls verstrahlte Slawutitsch umzusiedeln (vgl. *Die Welt* vom 25. April 1995). Daß die Menschen damit dem schleichenden Tod ausgesetzt wurden, scheint in den Überlegungen der Verantwortlichen keine Rolle gespielt zu haben. Zur Verantwortung gezogen wurden sie dafür nie.

Schon bald nach der Katastrophe setzten sich die Menschen in aller Welt persönlich dafür ein, Kinder aus Tschernobyl bei sich zu Hause aufzunehmen, damit sie wenigstens für kurze Zeit einmal der verstrahlten Umwelt, der verseuchten Nahrung, der Hoffnungslosigkeit entkommen konnten. In der Konsequenz ihrer Verschleierungspolitik setzte die russische Regierung diesen Initiativen schon bald die „Kulturschock-These" entgegen: Die Kinder würden durch die Begegnung mit dem Wohlstand in den Gastgeberländern einen unheilbaren Schock erleiden.

2. „Kulturschock-These" – Gefahr oder Phantom?

Unterwegs – inmitten von Menschen, Pferden und Ziehwagen

Soweit ich auch reiste über straßenähnliche Wege, die, was Schlaglöcher betraf, einem Hindernislauf vergleichbar waren, über Brücken, durch deren schadhafte Betonquader das schwarze Wasser erschreckend sichtbar wurde, – bis in die halb überschwemmten weißrussischen Lehm- und Holzhäuser hinein, – wohin ich mich auch begab, nirgendwo fand ich eine Familie, in der eines ihrer Kinder nach einem Aufenthalt im Westen einen „Kulturschock" erleiden mußte. Um Gewißheit in dieser Frage zu erlangen, hatte ich mich nicht allein auf quantitative wissenschaftliche Befragungen im Ausland – für die Kinder aus Tschernobyl also Deutschland – und auf sogenannte qualitative Interviews mit Gastkindern, Gasteltern und Politikern verlassen, sondern bin selbst viele Male dorhin gefahren, um vor Ort zu erleben, zu hören, zu erkennen, was wirklich geschehen war, was ein Deutschland-Aufenthalt bei Eltern und Kindern in Weißrußland und der Ukraine ausgelöst hat.

Wie brisant die Thematik ist, zeigt nicht nur die seit 1990 laufende Presse- und Medienaktion in der Bundesrepublik, ausgelöst durch den Besuch des früheren Vorsitzenden des Obersten Sowjets, Herrn SCHUSCHKEWITSCH aus Weißrußland. Er war anläßlich seiner Auslandsreise zu einer Öffentlichkeitskampagne angetreten, um Verständnis dafür zu erbitten, daß man das zur Verfügung stehende Geld direkt nach Weißrußland transferieren möge: Dann könne man im eigenen Land Erholungsmaßnahmen in die Wege leiten und die Gesundung der Kinder in Weißrußland sicherstellen und damit zugleich der Gefahr eines „Kulturschocks" bei einem Deutschlandbesuch vorbeugen.

Den Höhepunkt dieser Diskussion bildete die Ankündigung des Kongresses *Diskussionen zum Kulturschock – Internationaler Kongreß 1994* der REGIERUNG in Minsk, der das offizielle Forum war. Parallel zu dem alternativen Kongreß der STIFTUNG DEN KINDERN VON TSCHERNOBYL – fand er am achten Jahrestag nach der Katastrophe von Tschernobyl am 26. April 1994 statt. Beide Kongresse hatten dasselbe Thema, wohl aber ein anderes Ziel; der erste Kongreß wurde vom STAAT, der zweite von der Minsker BÜRGERINITIATIVE „DEN KINDERN VON TSCHERNOBYL" durchgeführt. Während die einen den „Kulturschock" zu belegen suchten, wollten die anderen ihn widerlegen:

Während auf dem offiziellen Kongreß die **These** vertreten wurde:

- **„Kinder gesunden allein im eigenen Land",**

verfocht das Forum der Bürgerinitiative folgende **Gegen-These**:

- **„Gesundsein bedeutet nicht allein physische Gesundheit oder medizinische Heilung, sondern Gesundsein bedeutet ganzheitlich seelisches Wohlbefinden, sogenanntes psychisch-physisch-soziales Gesund-Sein oder Wieder-Heil-Werden."**

Nur am Rande sei erwähnt, daß diese Definition von Gesundheit bereits seit Jahrzehnten von der Internationalen Weltgesundheits-Organisation (WHO) in Genf weltweit vertreten wird. Ich möchte hier schon einige Kinder und Gasteltern aus Belarußland zu Wort kommen lassen, die mir ihre Erfahrungen mit dem Besuch in Deutschland im Rahmen meiner Studie schilderten. Im Verlauf der Gespräche unmittelbar vor Ort, in Städten und Dörfern um Tschernobyl herum, erhielt ich auf meine Frage, was ihnen der Aufenthalt in Deutschland bedeutet habe, folgende exemplarische Aussagen:

- *„Wissen Sie, nach der Katastrophe von Tschernobyl haben sich meine Eltern sehr verändert. Sie sind eigentlich immer ernst und traurig und schweigen. Sie sitzen da und warten. Sie sind müde, auch krank und hoffnungslos. Sie warten, aber sie wissen nicht, worauf sie warten. Sie vergessen, daß niemand auf uns wartet. Und manchmal mag ich nicht mehr ins Haus gehen. Ich denke, ich kriege da keine Luft mehr. Es ist alles so dunkel; aber so kann es doch nicht bleiben.*

  Ich habe in Deutschland gesehen, daß es auch anders möglich ist. Ich habe meinen Eltern davon erzählt. Ich will lernen; ich will Sprachen lernen, und ich will etwas tun, damit es hier bei uns auch anders wird."

- *„Meine Gasteltern waren anders – alles war anders, alles ... Und alles war so schön ... die Säfte; und da gab es keine Zäune ...; aber auch das richtige Frei-Sein ...*

  Die waren alle so anders. Die gingen freundlich miteinander um. Jeder sagte, was er dachte. Aber seltsam, sie haben sich nicht gestritten ..., aber sie haben ganz lange und viel diskutiert. Sie hatten viel Zeit, miteinander zu sprechen, aber auch zu spielen. Sie haben viel Zeit zum Zuhören gehabt."

- *„Wissen Sie, es war keine Bitterkeit, keine Aggressivität; bei uns kommt das von der Sorge, weil wir nicht wissen, wie wir alles bezahlen sollen, und ob wir Arbeit haben. Warum kann das nicht auch bei uns so sein wie in*

Deutschland? Das wünsche ich mir; dazu will ich etwas tun. Ich habe ein Spiel mitgebracht, das spielen wir jetzt zusammen, wir wollen einfach alle neu anfangen!"

- *„Ja, da muß ich lange nachdenken. Alles war anders. Aber etwas war ganz besonders anders. Sie haben gebetet. Das kenne ich nicht. Ich weiß nur, daß meine Mutter getauft ist. Ganz weit weg – bei den Großeltern – und heimlich, und ohne Paß, damit sie die Arbeit damals nicht verloren hat. Heute dürfen wir getauft werden. Wir sind getauft. Aber wir tun leider gar nichts damit. Meine Familie in Deutschland hat mit mir gebetet und gesungen. Nun möchte ich wieder mit meiner Großmutter in die Kirche gehen. Meine Großmutter, die hat mit mir gesungen und hat mir auch vom Glauben erzählt."*

Auf meine mehrfachen Interventionen, ob er denn möglicherweise in Deutschland habe bleiben wollen, wiederholte ein Junge beharrlich und ausdauernd:

- *„Nein, da können Sie sicher sein, in Deutschland bleiben will ich nicht, aber ich wünsche mir, daß ich immer wieder einmal dorthin fahren darf, um zu sehen, was und wie sie es dort anders machen. Ich hoffe, daß ich immer wieder kommen darf. Das genügt mir. Aber bleiben und arbeiten möchte ich in meinem eigenen Land."*

Die Frage, ob sie während des Deutschlandbesuches einen „Kulturschock" erlitten hätten, der eine depressive Verstimmung oder eine seelische Erkrankung bei den Kindern hervorgerufen habe, wurde allgemein entschieden verneint. In zwei Fällen wurde von einer intensiven Trauerarbeit berichtet, die mit dem Abschied aus Deutschland begonnen habe und die – entsprechend den Erkenntnissen über die Verhaltensweisen trauernder Menschen – in einem Drei-

Tage- und Drei-Nächte-Trauern bzw. -Klagen ihren Niederschlag fand. Die Tatsache, daß in beiden Fällen die Trauer ausgelebt und verarbeitet wurde, so daß neue Impulse aus ihr wachsen konnten, unterstreicht ihre positive Wirkung als Lebens- und Lernchance.

Neben dem Problem des „Kulturschocks" ist zu fragen, wie die Wiedereingliederung in die weißrussische Gesellschaft nach der Rückkehr gelang. Keines der Kinder hat den Wunsch geäußert, in Deutschland bleiben zu wollen – mit einer einzigen Ausnahme, einem Waisenkind. Alle Kinder betonten nachdrücklich, daß sie unbedingt nach Hause zurückkehren wollten, um mit ihren Eltern zusammen zu leben und gemeinsam eine neue Zukunft aufzubauen. Es ist kein Widerspruch, wenn sie übereinstimmend ihre Hoffnung artikulierten, immer wieder nach Deutschland zurückkehren zu dürfen, um weiter zu beobachten und zu lernen, wie die Deutschen das alles machen, verbunden mit dem eindeutig erklärten Ziel, davon das Beste zu Hause auch selbst zu verwirklichen.

Auch die Aussagen der **Eltern** dieser Kinder geben keinen Hinweis darauf, daß ihre Kinder durch den Aufenthalt in Deutschland einen Kulturschock erlitten haben könnten, wie die folgenden Antworten zeigen:

• *„Wissen Sie, als wir damals unsere Enkel nach Deutschland fahren lassen wollten, weinte der Großvater: ‚Tut es nicht! Ihr könnt den Deutschen nicht trauen. Habt ihr die Geschichte denn vergessen?' Wir haben lange überlegt; andererseits stand uns das Wasser bis zum Halse. Unsere Kinder waren krank. Welch eine Wahl hatten wir noch? Welches Risiko gingen wir schon ein? Wir wollten leben ...!*

Und dann haben wir's gewagt, unsere Kinder zu den Deutschen fahren zu lassen. Und jetzt ..., jetzt sind wir Freunde geworden, weil die Kinder neue Paten-Eltern in

Deutschland gefunden haben. Unser Großvater fängt an zu sagen: ‚Wir können den Deutschen doch vertrauen. Ich möchte, daß sie jetzt auch zu uns, in unser Haus kommen'. Und sehen Sie, jetzt sind sie hier, unsere Paten-Eltern bzw. unsere Gast-Eltern aus Deutschland. Wir sind sehr glücklich. Wir haben auf die Freundschaft angestoßen; und wir möchten, daß diese Freundschaft nie aufhört."

- *„Wir müssen dafür kämpfen, daß unsere Kinder wieder ins Ausland fahren dürfen. Ich muß Ihnen sagen, warum das so wichtig ist. Das sind drei Gründe:*

  Erstens: Unsere Kinder kommen ganz anders zurück, als sie gegangen sind. Sie sind nicht nur körperlich erholt, sie sind seelisch gesund. Sie sind fröhlich, sind mutig. Sie planen wieder, haben Ziele. Sie wollen kämpfen.

  Zweitens: Sie lernen einen ganz anderen Kulturkreis kennen, eine andere Sprache, andere Kulturdenkmäler, andere Sitten und Bräuche. Sie fangen an, über das, was in unserem Land geschieht, kritischer nachzudenken.

  Drittens: Weil sie sehen, daß es überhaupt auf der Welt noch ein anderes Leben gibt. Darum können sie dann wieder anfangen, daran zu glauben. Das gibt ihnen die Kraft, auch dafür kämpfen zu wollen. Das heißt zuallererst, lernen zu wollen, sich zu engagieren und aus der Apathie aufzuwachen."

- *„Wissen Sie, im Augenblick haben wir ein ganz großes Problem, alle Kinder wollen ‚Businessmen' werden, d.h. irgend etwas kaufen, um es teuer wieder zu verkaufen. Sie sehen aber überhaupt keinen Sinn, warum sie etwas lernen sollten, denn nach Abschluß jeder Ausbildung haben sie – wenn überhaupt – nur einen ganz schlechtbezahlten Arbeitsplatz, der auf sie wartet. Viele sind arbeitslos. Es lohnt sich nicht, Ziele zu haben, zu lernen – es sei denn,* *man hat über den Zaun geguckt, man hat am eigenen Leib erfahren, was es heißt: ‚Du kannst etwas tun!' … ‚Du bist wichtig!' … ‚Du kannst etwas bewegen!' … Aber dazu braucht man Mut und Kraft.*

Ich denke, daß die Freundschaft zu den Deutschen so etwas wie eine Batterie ist. Die Kinder fahren nach Deutschland, tanken auf, kommen wieder zurück und leben bis zum nächsten Besuch von der Hoffnung, immer wieder kommen zu dürfen. Sie sollen ja gar nicht bleiben. Sie müssen nur auftanken dürfen, um nicht in unserer scheinbaren Hoffnungslosigkeit aufzugeben."

• *„Wissen Sie, was das Schlimmste ist? Das Schlimmste im Leben ist das Gefühl, vergessen zu sein. Wir alle hier in Tschernobyl, wir fühlen uns vergessen. Dazu kommt das Verlassensein – auch von den eigenen Freunden, die, Sie wissen das ja, aus dem verstrahlten Gebiet umgesiedelt worden sind. Wir, die wir geblieben sind, kommen uns vor wie Verlassene, fast lebendig begraben.*

Verstehen Sie, darum brauchen wir die Hoffnung. Eine Fahrt ins Ausland ist wie ein Licht, das dort angezündet wird, und das, wenn es wieder zurückkommt, die Dunkelheit erhellt."

• *„Mein Kind würde ohne die Hilfe in Deutschland nicht leben – es wäre tot, … zumindest wäre es blind. Aber die deutschen Gasteltern haben mir nicht nur mein Kind wiedergeschenkt, sie haben mir, uns, auch den Glauben an die gemeinsame Zukunft und an die Deutschen wiedergeschenkt.*

Auch wenn hier alles trostlos und dunkel ist, mein Mann und ich, wir können wieder hoffen. Wir haben wieder die Kraft und das Vertrauen, um trotzdem weiterzumachen und hier im Land an der Veränderung mitzuarbeiten, auch wenn wir arbeitslos sind. Die Deutschen unterstützen uns und unsere Familie. Wir haben jetzt Phantasie, Kraft und Zeit, an der Veränderung, die von den Bürgerinitiativen ausgeht, mitzuwirken ...“

• *„Wissen Sie, natürlich wäre es schön, wenn unsere Kinder hier bei uns im eigenen Land Urlaub machen könnten. Dann wären sie einfach ganz nah, und die Eltern hätten nicht so schrecklich Angst, weil sie so weit weg ins Ausland reisten. Aber auf der anderen Seite sehe ich doch, was die Erholung in unseren eigenen Sanatorien bewirken kann. Natürlich haben sie fast alles. Man sagt auch, sie hätten gesunde Nahrung, Schlaf und gesunde Luft. Sie könnten im Wald spielen, sie könnten Pilze sammeln; aber, verstehen Sie,* **es fehlt das Entscheidende:**

Sie kommen genauso zurück, wie sie hingefahren sind. Sie kommen nicht mit einem neuen Bild von einem anderen Leben zurück. Sie kommen ohne Zukunftshoffnung wieder. Genauso, wie sie weggefahren sind. Das hilft uns jetzt nicht weiter. Darum müssen sie ins Ausland fahren, verstehen Sie?“

• *„Ja, Sie haben Recht, das Zurückkommen damals war sehr schwer. Sie fragen, ob ich einen ‚Kulturschock‘ bekommen habe? Nein, keinen ‚Kulturschock‘, aber ich war traurig, sehr traurig. Damals hatte ich meinen kranken Sohn nach Deutschland begleitet. Als wir zurückkamen – das weiß ich noch ganz genau – da ich habe ich drei Tage und drei Nächte nur geweint. Ich war so traurig; ich war so hilflos; ich konnte nicht essen; ich konnte nicht trinken; ich konnte nicht schlafen; ich konnte nicht auf die Straße gehen; ich konnte auch nicht sprechen. Aber alle haben das verstanden. Mein Mann hat nichts gefragt; er hat mich gelassen. Ich weiß nicht, wie und wodurch es kam, aber irgendwie kam es dann aus mir selbst. Ich fing selbst wieder an, mein Mann half mir dabei. Ich fing an zu* *erzählen, ich aß, ich trank, wir gingen wieder auf die Straße. Aber etwas war anders geworden. Seltsam war es. Der Alltag ging weiter wie bisher. Aber trotzdem war etwas Nochnie-Dagewesenes, Gewaltiges geschehen:*

Überall, wo ich auch war, hatte ich ein Bild … nein, viele Bilder, eine ganze Fülle von Bildern ganz genau vor Augen. Ich könnte jetzt noch jeden Menschen, jede Straße, jeden Ort, jeden Laden, jede Begegnung, alles, was ich gesehen, erlebt, gehört hatte, könnte ich zeichnen, so genau hat es sich in meine Seele eingeprägt. Es ist fast wie in meine Knochen eingeritzt. Diese Bilder trage ich in meiner Seele wie einen Traum … Wissen Sie, ich glaube, ich kann es jetzt so sagen: aus den Tränen ist ein Traum geworden, für dessen Verwirklichung ich hier in Weißrußland kämpfen möchte!

Die Dunkelheit ist zwar noch jeden Tag da, aber sie hat sich verändert. Ich sehe ein Licht darin – das Licht meiner Bilder. Das macht die Wirklichkeit heller. Aus meinen Tränen ist eine Kraft geworden, die Kraft des Traumes, hier in Weißrußland eine neue Wirklichkeit zusammen aufzubauen. Ich, mein Sohn, mein Mann, wir kämpfen jetzt hier, und wir erleben, wie wir andere anstecken.“

Angesichts dieser Aussagen muß man sich nach den Gründen, den Motiven fragen, die zur Entdeckung der Kulturschock-These geführt haben mögen.

Vergegenwärtigen wir uns dazu die **Fakten**: Die Regierung versuchte solange als möglich, den Schleier des Verschweigens über das grausame Erkennen auszubreiten. Es war das Ausland, voran Schweden und Norweger, die auf die besorgniserregende Explosion aufmerksam machten und ihr öffentliche Geltung verschafften. Als ich vier Jahre später, im Frühjahr 1990, zum erstenmal in die damalige Sowjetunion fuhr, stand ich immer wieder aufs neue fassungslos vor der Erfahrung, daß die betroffenen Mütter,

Kinder, Familien absolut nichts von dem Ausmaß der Katastrophe, geschweige denn vom Ausbruch der Krankheit ihrer Kinder im Zusammenhang mit dem Reaktorunfall wußten. Damals hatte ich in mehreren Krankenhäusern Interviews mit Familien kranker, schwerstkranker und sterbender Kinder gewagt. Das Ergebnis machte mich sprachlos. Selbst inmitten des Elends, unmittelbar am intensivmedizinischen Inkubationszelt ihres Kindes, welches zur Linderung seiner entsetzlichen Qualen angebunden an den schmerzlindernden Infusionen im Bett lag, ja selbst den grauenvollen Anblick des sterbenden Kindes vor Augen, war es immer wieder das gleiche: ein Zusammenhang zwischen Reaktorunfall und Krankheit wurde von den Eltern nicht ausgesprochen, geschweige denn angedacht. Unselig wurde buchstabiert, daß man sich wohl an das erinnere, was damals geschehen sei, aber .... die Regierung und die Presse und die Ärzte hätten immer wieder betont, *„damit"* hätte es absolut nichts zu tun – alle Betroffenen waren noch nicht in der Lage, für das Wort *„damit"* mutig, ehrlich und klar den Begriff *„die Katastrophe von Tschernobyl"* einzusetzen und diese deshalb bewußtseinsverändernd, Widerstand leistend und damit widerstehend anzuerkennen.

Bei der im Rahmen meiner Studie durchgeführten quantitativen Befragung von 229 weißrussischen und ukrainischen Familien gab die überwältigende Mehrheit (76 Prozent) an, über die Folgen des GAUs nicht ausreichend informiert worden zu sein. Der gegenwärtige *Aufklärungsgrad spiegelt* sich im *Ausbildungsstand der Befragten* wieder. Differenziert konnten diese Frage vor allem Ärzte, Tierärzte, Lehrer, landwirtschaftliche Fachleute, Krankenschwestern, Ingenieure, Bibliothekare usw. beantworten. 11 Prozent der Befragten sahen sich nicht imstande, auf diese Frage überhaupt eine Antwort zu finden. Die *Verantwortung* bezüglich ihres schlechten Informationsstandes lasteten nur 15 Prozent der Befragten *den staatlichen Organen* an. 2 Prozent beschuldigten *die verantwortlichen Wissenschaftler.* 11 Prozent meinten sogar, die *Wissenschaftler* hätten zwar ausreichende Informationen, diese *dürften sie jedoch nicht weiterleiten.* 4 Prozent glaubten, es bestünden *ungenügende Informationsstrukturen.*

Einen schweren Schlag erhielt meine Untersuchung durch den mysteriösen Diebstahl der Videobänder, auf denen ich Äußerungen der Betroffenen zusätzlich dokumentiert hatte – in der Hoffnung, sie später in der Bundesrepublik veröffentlichen zu können. Auffallend ist, daß diese authentischen Dokumente gerade diejenigen Interviews mit Eltern von schwerkranken oder sterbenden Kindern enthielten, in denen Betroffenen der Zusammenhang zwischen Katastrophe und Krankheit bewußt gemacht werden konnte.

Lediglich eine Szene, die in einer Fernsehreportage in Weißrußland ausgestrahlt wurde, ist als Aufzeichnung von Minsk erhalten geblieben. Alle Zeitungsaufrufe – u.a. wie in folgender Abbildung angegeben – blieben ohne Ergebnis, das heißt: die Aktentasche selbst wurde zwar im Park gefunden, jedoch fehlten die entscheidenden Dokumente, nämlich die Video-Bänder; und weder Rundfunk- noch Presseaufrufe führten zu irgendeiner Spur oder Entdeckung.

Glücklicherweise war es möglich gewesen, die Bänder zuvor noch dem niedersächsischen Ministerpräsidenten und seiner Frau, der Schirmherrin der NIEDERSÄCHSISCHEN STIFTUNG „KINDER VON TSCHERNOBYL", zu zeigen.

Bezeichnend für die russische Informationspolitik sind die Tatsachen:

- Erst vier Jahre *danach* – 1990 – wurde durch eine illegale Ausstellung der Universität in Minsk das öffentliche Bewußtsein der belarussischen Bevölkerung wachgerüttelt;

Wertvolle Tschernobyl-Dokumente weg: Unesco-Präsidentin verzweifelt

Traurig sitzen Kinder im Krankenbett. Ohne Haare, die Körper ausgemergelt. Tschernobyl-Kinder – vom Strahlentod gezeichnet.

Erschütternde Bilder, die die Erziehungswissenschaftlerin Professor Dr. Erika Schuchardt

Hofft auf einen ehrlichen Finder: Professor Erika Schuchardt

(52) aus Hannover für die Unesco filmte. Jetzt bangt die Vize-Präsidentin der deutschen Unesco um die unersetzbaren Dokumente: Ein Dieb erbeutete die Bänder!

Zwei Videofilme, Daten, Interviews, Adressen - alle Unterlagen waren in meiner weinroten Aktentasche. Die ist weg, sagt sie verzweifelt.

Mittags hatte Professor Schuchardt die Video-Bänder noch Hiltrud Schröder gezeigt. Die Frau des MP fährt Montag nach Tschernobyl.

Dann hielt die Wissenschaftlerin einen Vortrag im Henrietten-Stift, gab die Tasche im Mutterhaus bei einer Schwester ab. Die verließ für nur kurz ihr Zimmer. Da schnappte der Dieb zu. Frau Schuchardt hofft, daß sich der Finder meldet (Telefon: 88 47 02 oder 51 06 – 151): Ich zahle 500 Mark, verzichte auf eine Anzeige. Hauptsache, ich bekomme die Unterlagen wieder. mi/Jök

BILD-Zeitung vom 25. November 1993

- Erst fünf Jahre *danach* – 1991 – sahen sich angesichts wachsender Schäden viele der in den hochbelasteten Regionen tätigen Ärzte von ihrer Schweigepflicht entbunden und wagten es, einen Zusammenhang zwischen der allgemeinen Zunahme von schweren Erkrankungen und der Katastrophe aufzudecken;
- Erst sechs Jahre *danach* – 1992 – wandten sich Kongresse in Minsk, also in Weißrußland selbst der Thematik zu, zuerst in Gestalt der Bürgerinitiative der STIFTUNG „DEN KINDERN VON TSCHERNOBYL" unter dem Titel *„Sechs Jahre danach"* und sofort danach in Form des Gegenkongresses des STAATES *„Zur Situation nach Tschernobyl"*.

So wurde den betroffenen Menschen rund um Tschernobyl erst ganz langsam und allmählich bekannt, daß mehr als 70 Prozent des radioaktiven *Fall-outs* von Tschernobyl in ihrem eigenen Land niedergegangen waren und mehr als ein Drittel der Gesamtfläche ihres Landes schwer verstrahlt hatten. Erst jetzt mußten auch sie erkennen, daß ihre Bevölkerung in hochverstrahlten Gebieten weiterleben muß und darunter ihre 500000 Kinder der weitaus größten Gefährdung ausgesetzt sind. Die noch ungeborenen oder die noch nicht gezeugten Kinder tragen schon jetzt das Kains-Mal der Bedrohung durch körperliches Gebrechen, Krankheit, Mißbildungen oder frühen Tod. Wie tief dieses Kains-Mal nicht nur in Körper und Geist eingebrannt ist, sondern auch das soziale Zusammenleben belastet, belegen zwei weißrussische Fernsehreportagen sowie eine Begebenheit in Deutschland aus dem Jahr 1995:

- Eine Schülerin der 9. Klasse – umgesiedelt aus einem verstrahlten Gebiet bei Minsk – befragt nach ihren Problemen in der neuen Umgebung, schilderte einem Reporter: *„...wir verraten unseren Jungs nicht, von woher wir kommen ... sonst würde keiner mit ‚so einer' so einfach ‚gehen' ... geschweige denn es mit solch einer ‚ernst mei-*

nen' ... Die meinen, wir würden sie beim Küssen anstekken ... und natürlich später Mißgeburten zur Welt bringen."

- In einem Fernsehbericht aus Werchenedwinsk an der Grenze zu Lettland wurde geschildert, daß die ortsansässigen Eltern ihren Kindern verboten hatten, mit den Altersgenossen aus den verstrahlten Regionen zu spielen. Es kam zur Prügelei, die Wut entlud sich in den Worten: *„Sie werden unsere gesunden Kinder mit Radioaktivität anstecken. Wir wollen in der Schule nicht mit den andern auf einer Bank sitzen!"*
- Aber auch in Deutschland lassen sich schwer nachvollziehbare Verhaltensweisen nicht verhindern. In einem kleinen Ort in der Nähe von Göttingen, der sich mit großem Einsatz an einem Ferienprogramm für sogenannte Tschernobylkinder beteiligt hatte, wurde ein geplantes Jugendtreffen im Sinne der Völkerverständigung zwischen deutschen und französischen Jugendlichen mit der Begründung abgesagt: *„Die Angst vor ‚radioaktiver Ansteckung' durch die belarussischen Kinder ist so groß, daß wir jede Begegnung vermeiden wollen."*

So mag es nicht erstaunen, daß ich vor dem Hintergrund dieser Ereignisse den 3. April 1994 als Sternstunde weißrussischer Geschichte erlebte, als nämlich der damalige Außenminister der Republik Weißrußland, PIOTR KRAWTSCHENKO, in seiner Ansprache zur Eröffnung der weißrussischen Botschaft in Bonn erstmals öffentlich den Zusammenhang zwischen Katastrophe und Krankheit nicht nur eingestand, sondern auch Zahlenmaterial hierzu veröffentlichte (die aus politischen Motiven vorgenommene Relativierung der Daten kann hier nicht diskutiert werden).

Der Außenminister gestand ein, daß die Häufigkeit von Krebserkrankungen in Belarußland zunehme, die Immunität sinke und daß sich der allgemeine Gesundheitszustand der Kinder, die unter der Tschernobyl-Katastrophe leiden, weiter verschlechtere. Nach seinen Angaben beginnt der starke Anstieg der Schilddrüsenerkrankungen im Jahr 1990, wobei die höchste Erkrankungsrate bei Kindern aus dem Gebiet Gomel festzustellen sei. Waren in den Jahren vor dem Unglück bei Kindern lediglich einzelne Fälle solcher Tumorerkrankungen registriert worden, so seien von 1986 bis 1992 insgesamt 172 Kinder im Alter von unter 14 Jahren an Schilddrüsenkrebs erkrankt. KRAWTSCHENKO bezog sich auf die Angaben weißrussischer Wissenschaftler, wonach mit hoher Wahrscheinlichkeit in den fünfzig auf die Katastrophe folgenden Jahren 7450 Fälle von Kinderleukämie zu erwarten sind, also 150 Neuerkrankungen pro Jahr. Der Außenminister wies in seiner Rede darauf hin, daß die Inzidenz von neuen Krebserkrankungen bezogen auf die gesamte Republik bei Männern um 28,8 Prozent und bei Frauen um 22,7 Prozent angestiegen sei. Auch die Zahl der Fehlbildungen bei Neugeborenen habe nach der Katastrophe zugenommen.

Angesichts dieses überraschenden öffentlichen Eingeständnisses durch den amtierenden Außenminister habe ich darauf bei diesem Festakt spontan erklärt:

„Die Eröffnung der ersten weißrussischen Botschaft und die bemerkenswerte Rede des Außenministers betrachte ich als ein Zeichen für einen neuen historischen Anfang. Zum erstenmal in der Geschichte **nach** *Tschernobyl werden öffentlich und wahrhaftig Zahlen auf den Tisch gelegt. Es erscheint mir als eine historische Zäsur, ich kann mich nicht erinnern, bei meinen Aufenthalten in Weißrußland und der Ukraine jemals derartiges Zahlenmaterial auf den Tisch gelegt bekommen zu haben, was dem Eingeständnis und der Anerkennung des Ausmaßes der Katastrophe von Tschernobyl gedient hätte und neue Schritte in die Zukunft eröffnet. Fast acht Jahre nach der Reatorkatastro-*

phe entdecke ich eine neue Epoche der Wahrhaftigkeit. Wahrhaftigkeit aber ist der Schlüssel, um gemeinsam *den Weg aus der Gefahr zu finden.*"

Inzwischen bewertet der neue Präsident, ALEXANDER LUKASCHENKO, ein ehemaliger Soldat der KGB-Grenztruppen und Leiter einer Sowchose, die Ereignisse in erstaunlicher Weise völlig neu, aber im alten Stil. Anläßlich seines Besuches in den strahlenbelasteten Gebieten Mogilow und Gomel sprach er von der sogenannten „Euphorie des Umsiedelns", von dem „Aufbauschen der Gefahr" und davon, daß die EU-Staaten aus Eigennützigkeit eine „angeblich" bestehende Explosionsgefahr des Tschernobyl-AKWs in den Medien hochspielten. Die Äußerung von Präsident LUKASCHENKO: *Nach zehn Jahren hat der Regen das Grundwasser gereinigt, alle Dorfbewohner können in ihren Heimatdörfern weiterleben … niemand hat das Recht, es ihnen zu verbieten,* ist auch in dem Zusammenhang zu sehen, daß kein Geld für adäquate Übersiedlungsmöglichkeiten zur Verfügung steht.

Professor FRANK GOLCZEWSKI von der Universität Hamburg, Wahlbeobachter der OSZE bei den Parlamentswahlen in Weißrußland, hat jüngst noch einmal darauf hingewiesen, daß LUKATSCHENKO noch heute die Notwendigkeit der Umsiedlung von Menschen aus verstrahlten Gebieten unter dem Hinweis bestreitet, daß in diesen Gebieten *„ja nichts zu sehen sei"* (Vgl. *Frankfurter Allgemeine Zeitung* vom 22. August 1995). Damit wird jedes Niveau einer sachlichen Diskussion über die Auswirkungen der tödlichen Strahlung verlassen und durch menschenverachtenden Zynismus ersetzt. Besonders sorgenvoll stimmt in diesem Zusammenhang die Tatsache, daß sich LUKATSCHENKO in einem zusammen mit den letzten Parlamentswahlen abgehaltenen Referendum weitgehende Rechte der Parlamentsauflösung gesichert hat, wie sie für ein diktatorisches Präsidialsystem kennzeichnend sind. Darüber hinaus gilt er als

Verfechter einer engen Bindung an die Russische Föderation und steht dem Westen mit großer Skepsis gegenüber. Die Erfahrungen, die die von Tschernobyl betroffenen Kinder im Ausland sammeln, müssen einer solchen Politik nicht immer genehm sein. Die Aussagen eines von mir interviewten Elternpaares mögen dies erhellen:

- *„Damit Sie sich das überhaupt vorstellen können: Unsere Kinder sind zurückgekommen und haben gesagt, in Deutschland gibt es keine Zäune, da gibt es nur Büsche. Sie haben immer wieder gefragt, warum gibt es hier überall Zäune? Warum laufen wir hier überall gegen Bretter? Warum reißen wir die Zäune nicht ab? Verstehen Sie? Und das sind nicht nur die Holzzäune, das sind auch die Zäune im Gehirn, verstehen Sie? Sie müssen uns helfen, die Gehirnzäune abzureißen, damit unser neues Denken über die Kolchose, über den Rayon hinaus geht. Ja, dann kann ich mir vorstellen, daß Europa wirklich lebendig werden kann."*

Die Kinder – Botschafter von Tschernobyl

Warum ich diese Fakten erwähnte? Wenn wir uns vor Augen führen, daß zeitgleich zum Prozeß des achtjährigen politischen Verschweigens eine weltweite Aktion der Aufklärung, des Aufbruchs, ja des öffentlichen Aufstandes einsetzte, wird deutlich, welche neuen Bedrohungen von außen auf Weißrußland und die Ukraine zukamen. Lawinenartig hatte sich die Kunde verbreitet von dem kleinen Mädchen und dem kleinen Jungen, die erholungsbedürftig – blaß, krank, schwerstkrank – eine Familie im Ausland suchten, die sie aufnahm, aufpäppelte, medizinisch versorgte und „gesund" in ihre Familien zurückkehren ließ. Die Euphorie über solche Hilfsaktionen ist aber bekanntlich kurzlebig. Raketenartig steigt sie an und stirbt wieder, wenn das öffentliche Interesse durch andere Aktionen wie z.B. für Ruanda oder Bosnien-Herzegowina gefangengenommen wird.

Aber es gab etwas, womit keiner gerechnet hatte: man hatte „kranke" Kinder erwartet, aber es kamen statt dessen – für viele unerwartet – wohl physisch kranke, psychosozial jedoch „gesunde" Kinder. Es kristallisierte sich immer deutlicher heraus:

die sog. „kranken", erholungsbedürftigen Kinder aus Tschernobyl kamen als „gesunde", einzigartige Botschafter ihrer Länder Weißrußland und der Ukraine.

Einige Erfahrungen, die mir die Gasteltern schilderten, mögen dies verdeutlichen:

- *„Wissen Sie, ich bin noch nie so zufrieden gewesen wie jetzt. Seit ich meinen Anton, mein – wie Sie sagen – Tschernobyl-Patenkind habe, ist alles Materielle, das in meinem Leben eine große Rolle spielte, ganz unwichtig geworden. Plötzlich bin ich verantwortlich; ich habe eine Aufgabe; ich sehe einen neuen Sinn. Zuerst habe ich nur Geld gegeben, 30 Mark im Monat für meinen Patenjungen, dann bin ich hingefahren. Er ist behindert. Da habe ich angefangen, für ihn sein Zimmer zu renovieren; alles hatte ich dafür mitgenommen. Er hat zugeguckt; wir haben gearbeitet. Das Werkzeug habe ich dagelassen. Dann haben wir gefeiert.*

Jetzt bin ich zum zweiten Mal hingefahren. Da hat er mich beiseite genommen, hat dem Dolmetscher gewinkt. Dann hat er zu mir gesagt: ‚Ich habe keinen Vater mehr; jetzt bist du mein Vater'. Wissen Sie, was das bedeutet …? Nächstes Jahr fahre ich wieder hin. Das möchte ich noch einmal erleben. Wissen Sie, mein Leben hat sich geändert. Erst wollte ich einfach helfen durch Geldgeben, jetzt habe ich Freunde gefunden. Wenn mein Nachtdienst vorbei ist – ich bin Nachtwächter bei der Wach- und Schließgesellschaft – dann fängt meine eigentliche Arbeit an. Ich arbeite mit in der Tschernobyl-Initiative. Ich sammle die Kleider, die Geräte, alles, was an das Waisenhaus geht, ist für den Aufbau unseres Projektes ‚Second Hand Shop'. Das ist ein kleines Stück soziale Marktwirtschaft. Das ist mein Leben, und ich bin glücklich. Ich hab' noch so viel vor."

• *„Bei uns kam das ganz überraschend. Wir hörten von einem Vater mit seiner zweijährigen Tochter, die zur Rettung ihres einen noch vorhandenen Auges nach Deutschland kommen sollte. Man suchte ein Zuhause. Da haben wir uns gemeldet. Wir haben vier Kinder, die sind jetzt groß. Wir hatten Platz. So kam sie, und Lena wurde sofort operiert. Die Ärzte sagten, wenn sie nur einige Tage später gekommen wäre, hätte sie auch dies zweite Augenlicht verloren. Und dann kam Weihnachten. Sie hatte ihr neues Glasauge. Sie lachte, sie sah die Kerzen. Ich begriff plötzlich, was das heißt, ‚Weihnachten' oder ‚Christus ist zu euch gekommen' oder ‚Er ist mitten unter euch, denn er ist die Liebe'. Und alle meine Kinder haben auf Weihnachtsgeschenke verzichtet – es gab bei uns nur ein kleines Symbolgeschenk – aber wir waren alle so überreich beschenkt. Das hatten wir noch nie erlebt: Einem Menschen war das Augenlicht wiedergeschenkt worden und uns waren ein Kind mit seinem Vater als neue Familienmitglieder zugewachsen.*

Seltsam war, der Vater konnte das alles einfach nicht begreifen. Er fragte immer wieder kopfschüttelnd: ‚Warum tut ihr das nur?' Und da erzählte ich ihm von unserer Sorge um meine Schwester, die an Krebs erkrankt noch unter uns lebt, nur weil sie im Wissen um ihren nahenden Tod bewußt versucht, ihr Leben – wie sagt man – sinnvoll zu gestalten; sie **will** *noch leben, darum schafft sie es auch. Und daß ich darum so glücklich bin, und daß ich darum auch möchte, daß Lena leben wird. Das hat er verstanden.*

Später kam seine Frau zur Begleitung Lenas mit nach Deutschland. Jetzt ist Lena sechs Jahre alt. Im Augenblick muß sie nur noch alle acht Monate zur Nachuntersuchung. Aber Sie verstehen, wir sind inzwischen eine große Familie geworden."

Damit bestätigt sich erneut meine aus anderen Forschungsarbeiten gewonnene These:

- **Es gibt ein ansteckendes „Gesundsein" sog. kranker Menschen und**
  ein ansteigendes „Kranksein" sog. gesunder Menschen.

Aus ursprünglich geplanten Erholungsmaßnahmen entwickelten sich Bausteine des Friedens zur Verwirklichung von Menschenrechten. Niemand hatte es erdacht oder geplant, es geschah einfach, es wuchs eine Bewegung von unten, vom Tschernobyl-Kind zum Geschwister-Kind in Deutschland, von der Tschernobyl-Herkunftsfamilie zur Gast-Familie in Deutschland. Exemplarisch hierzu die Aussage eines Gastelternpaars:

- *„Ehrlich gesagt, den Besuch zu unseren Tschernobyl-Kindern schenken wir uns selbst zur Goldenen Hochzeit* (Frau 71 Jahre, Mann 73 Jahre alt). *Als wir damals nur auf diesen Zeitungsaufruf reagierten ‚Gasteltern in Deutschland gesucht', wußten wir nicht, ob wir es verantworten könnten, in unserem Alter noch Kinder aufzunehmen. Aber dann haben wir es einfach getan. Wir haben sieben Enkel und acht Kinder. Wie gut das geklappt hat, was sich alles durch die Tschernobyl-Kinder verändert hat, sehen Sie daran, daß die Enkel immer in unser Haus stürmen und sagen: ‚Wo sind die Russenkinder, wir wollen doch* *mit ihnen spielen? Wann kommen die Russenkinder wieder?'*

Aber Sie können sich gar nicht vorstellen, wie auch unsere beiden Tschernobyl-Kinder sich verändert haben. Am Anfang schüchtern, scheu, fast schweigsam, wurden sie jeden Tag fröhlicher, gelockerter und zutraulicher. Eines der Kinder war Bettnässer. Als ich sie herzlich in den Arm nahm, ihr keine Vorwürfe machte – sie hatte die Sachen alle heimlich auf der Heizung trocknen wollen – verlor sie ihre Angst und wurde mutiger. Ja, wissen Sie, und dann haben wir gesagt, zur Goldenen Hochzeit keinen Brillantring – wem soll man den auch bei acht Kindern vererben? Nein, auch keine Geschenke. Die Geschenke der Freunde waren das Reisegeld, das wir ja nun selbst für die Reisekosten unserer Kinder aufbringen, damit sie wiederkommen können. Sie wissen ja, wenn man ein Kind zum zweiten Mal einlädt, muß man die Flugkosten in Höhe von 300 Mark selbst zahlen, damit es auch gerecht zugeht und immer wieder neue Kinder aus Tschernobyl eine Chance erhalten. Wir haben jetzt 3200 Mark von unseren Freunden gesammelt und können fast 11 Kinder aus Tschernobyl zu uns nach Hause holen. Wissen Sie, nun fangen auch unsere Kinder an, Kinder aus Tschernobyl aufzunehmen.

Das Schönste ist die Freude der Kinder. Das ist fast so, als wenn eine vertrocknete Blume plötzlich sich aufrichtet und in voller Pracht dasteht. So kamen die Kinder zurück in ihre Familien; und jetzt will ich – ich meine, wollen wir beide, mein Mann und ich – sehen, ob diese Freude auch für die Familie ansteckend war."

Friedensbrücken bauten sich auf zwischen Gomel, Mogilow, Belynitschy, Kiew, Minsk bis in alle Teile Deutschlands – in die neuen und die alten Bundesländer – hinein, von Bürgerinitiativen in den GUS-Staaten zu Initiativen in Deutschland. Versucht man, die Zahl der kleinen Botschafter zu ermitteln, sie grenzte fast ans „Biblische". Konkret möchte ich es an einer demokratischen Bürgerinitiative in Weißrußland veranschaulichen: Die STIFTUNG „DEN KINDERN VON TSCHERNOBYL" in Minsk hat allein in den vergangenen Jahren 70000 kleine Botschafter – Kinder aus Tschernobyl – aus den hochverstrahlten Gebieten von Weißrußland ins sogenannte deutsche Ausland vermittelt. Nicht mitgezählt sind dabei alle diejenigen, die ins übrige europäische Ausland, sowie alle jene, die durch andere Bürgerinitiativen oder über den Staat vermittelt wurden. Die Wirkung der kleinen Botschafter von Tschernobyl gleicht dem Stein, der ins Wasser geworfen Kreise zieht. Überall wo sie hinkamen, setzten sie etwas in Bewegung. Das fing an mit den Geschwisterkindern in der Gastfamilie, sodann mit ihren Gasteltern und schließlich mit deren befreundeten Familien, den Arbeitskollegen, den Nachbarn, setzte sich fort bei den Ärzten, Schwestern, die sie betreuten, nicht zuletzt bei den Politikern, die vor Ort für die Bereitstellung der Gelder kämpfen mußten. Das Bild der Kinder aber blieb in Deutschland als der Stein zurück, der ins Wasser geworfen wurde und um den sich das Wasser fortan teilen muß – das heißt konkret: neue Wege suchen, gehen und aushalten. Das Wasser kann nun nicht einfach im alten Strombett weiterfließen, sondern es muß sich neue Wege bahnen, rund um den Stein herum, und lernen, *mit* ihm zu leben.

Als ich die neunjährige ANNA aus Deutschland befragte: Was bedeutet für dich Tschernobyl?, war ihre spontane Antwort:

• *„Sie fragen, was Tschernobyl für mich bedeutet? Tschernobyl, das ist für mich* TATJANA; *und* TATJANA, *das ist für mich Tschernobyl.* TATJANA *und ich, wir gehören doch ganz einfach zusammen, so wie der Regenbogen."*

Die stille Revolution – Stimmen aus dem Feuerofen

Wenn ich von einer Revolution der Kinder von Tschernobyl spreche, ist damit nicht im historisch-politischen Sinne die Umwälzung eines bestehenden politischen Systems gemeint. Mit diesem Begriff versuche ich aber kenntlich zu machen, welche ungeheure Wirkung der Besuch der Kinder von Tschernobyl auf unser Denken und Fühlen hat. Im Angesicht dieser Kinder werden herkömmliche Muster der Beziehungen von Ost nach West und umgekehrt hinfällig. Unterhalb der Ebene politischer Kontakte entstehen Bande der Mitmenschlichkeit, die aufgrund ihrer wichtigen emotionalen Anteile tragfähiger als jedes Vertragswerk sind. Gerade da die Erinnerungen an die Greuel des Weltkrieges in der Ukraine und Weißrußland noch lebendig sind und jeden Annäherungsversuch von deutscher Seite belasten, bergen die durch die Kinder von Tschernobyl geschaffenen Brücken die Möglichkeit einer dauerhaften Aussöhnung. In einer Familie wurde der Gedanke der Friedensrevolution sehr bewegend geäußert:

• *„Wir schaffen die Revolution durch unsere Kinder von Tschernobyl. Wir sind die lebendige, von Menschen gebildete Ost-West-Brücke. Wir sind untrennbar."*

Und eine weißrussische Lehrerin, die ich mit deutschen Gasteltern in Weißrußland traf, sagte mir:

• *„Darum werde ich morgen vor den deutschen Gast-Eltern reden. Ich habe noch nie vor 400 Menschen geredet. Ich werde ihnen aber erzählen, was uns die Gast-Eltern in Deutschland und anderswo bedeuten. Daß es gerade nicht das Materielle ist, nicht die Kleidung, das Essen, das Spielzeug ... nein, daß sie selbst es sind, sie, die Brüder und Schwestern geworden sind, ... daß wir das wie eine Frie-*

denskette erleben. Wissen Sie, wie damals bei der Menschen-Kette, die durch Estland ging. Wissen Sie noch, damals, als es die Einigung der GUS-Staaten noch nicht gab, damals, als Litauen, Lettland und Estland zusammen eine Menschenkette gebildet haben. Genauso erleben wir jetzt die Kette aus Tschernobyl-Kindern, aus deutschen Gast-Eltern und aus uns, den Herkunftseltern hier Zuhause.

Das ist es: Diesmal aber sind es keine Ketten, nicht Ketten, die uns wie Eisen einschnüren, sondern Perlenketten aus Tränen der Hoffnung.

Tränen sind Erlösung; sonst erstickt man an ihnen; so werden sie zu einer neuen Sprache."

Es macht Mut zu sehen, daß die Begegnung mit den Kindern aus Tschernobyl nicht zu Schwermut und Resignation führt, sondern bei nahezu allen Beteiligten den Wunsch fördert, die gegenseitigen Beziehungen aufrecht zu erhalten und auszubauen. Von 188 im Rahmen meiner Studie interviewten Gasteltern war es 53 Prozent gelungen, unter Freunden, Kollegen, Verwandten und Bekannten die Bereitschaft zu wecken, bei einer wiederholten Aktion auch ein Kind aufzunehmen. Bis auf drei Ehepaare erklärten alle Eltern ihre Bereitschaft, wieder ein Kind aufnehmen zu wollen. Immerhin 79 Prozent der Befragten möchten die Familien der Kinder im Herkunftsland besuchen. Zwei Prozent der Elternpaare wollen aus diesem Grunde sogar Russisch lernen.

Auch der Gegenbesuch deutscher Gastgeschwister, die ich mit ihren Eltern nach Weißrußland begleitete, hat ein Umdenken bewirkt, das in der Zukunft Früchte tragen wird. Nach ihren Erfahrungen befragt antworteten die deutschen Kinder und Jugendlichen:

- *„Ich bin jetzt mit unserem Leben hier in Deutschland viel zufriedener, weil ich weiß, daß viele Menschen viel* *schlechter leben. Das gilt auch für mein persönliches Leben. Für unsere Familie trifft zu, daß wir viel mehr über Kinder aus Rußland sprechen. Wir entdecken, daß wir bislang eigentlich nur schlecht über Rußland gesprochen haben. Wir überlegen jetzt, wie wir unser neues Rußland-Bild auch in unseren Freundeskreis hineintragen können.*

Ja, ich spreche viel mit meinen Freunden über ‚unsere Tschernobyl-Kinder'. Ich will unbedingt Russisch lernen, damit ich den Kindern in Tschernobyl erklären kann, daß wir hier in Deutschland auch Probleme haben, z.B. die Arbeitslosigkeit, und daß auch hier nicht alles vom Himmel fällt.

Dieser Austausch, der muß stärker werden, und dazu müssen auch wir Sprachen lernen; aber auch unsere Mitschüler ansprechen, daß sie einerseits Tschernobyl-Geschwisterkinder auch bei sich zuhause aufnehmen und andererseits selbst nach Rußland mitfahren.

Manchmal denke ich, es ist wie bei Kopernikus: damals dachte man, die Welt sei eine Scheibe; jetzt weiß man, sie ist eine Kugel. Man dachte, die Welt sei Europa. Jetzt erst sehe ich, Europa ist auch im Osten. Das hat mein Denken, mein Weltlbild und meine kritische Einstellung gegenüber Deutschland sehr verändert. Dankbarer bin ich geworden, nicht weniger kritisch, aber vielleicht maßvoller."

- *„Ich habe das Gefühl, den östlichen Teil Europas jetzt erst entdeckt zu haben. Ich sehe ihn jetzt nicht nur als Staat mit älteren Herren in Uniform – wie er in den Medien ständig zu sehen war – sondern ich sehe ihn als ein Gebiet mit Familien, genau so wie bei uns, die zum Teil ähnliche Sorgen und Probleme haben, wie wir auch. Sie sind wie jeder andere von uns auch. Aber sie schenken uns alles und vertrauen uns. Das macht uns zu Freunden. Vor allem kann uns nichts mehr trennen; wir gehören doch zusammen."*

• *„Weißrußland ist mir ein Stück näher gebracht worden. Die Reaktorkatastrophe mit ihren Konsequenzen ist nicht mehr nur eine Katastrophe unter vielen anderen, weil wir jetzt die Konsequenzen im Zusammenleben mit unseren Tschernobyl-Geschwistern ‚hautnah' mitbekommen haben und somit alles unmittelbar nachvollziehen können; z. B. mit welchen Folgen sie heute in diesen Gebieten fertig werden müssen: Sie haben Krebs, sie sterben; sie sind krank!*

Stellen Sie sich doch einmal vor, wenn die eine Familie gründen, heiraten, dann wissen sie schon, daß ihr Kind vielleicht nicht gesund sein wird. Was können wir nur tun? Wir können doch nicht bloß zusehen! Auf jeden Fall müssen wir zusammenhalten."

• *„Zwischen uns ist ein ganz intensiver Briefwechsel entstanden. Zunächst haben wir es übersetzen lassen, aber jetzt habe ich angefangen an der Volkshochschule Russisch zu lernen. Unsere ganze Familie lernt Russisch, und wir versuchen auch bei Tisch, russisch zu sprechen. Ist das nicht Europa?"*

Die friedliche Revolution der Kinder von Tschernobyl hat die Wirklichkeit verändert. Um das Ausmaß der Bewegung deutlich zu machen, um zu begreifen, welch eine lavaartige Kraft der Strom zwischenzeitlich gewonnen hat, sollte man versuchen, sich folgendes vorzustellen: 70000 Kinder aus Tschernobyl, dazu gehören annähernd 70000 Gast-Eltern – Väter und Mütter – in Deutschland; um sie gruppieren sich ca. zwei- oder dreimal 70000 Geschwister-Kinder in diesen Familien, dazu kommen mindestens 70000 Freundesfamilien, darüber hinaus die ungezählten Kreise der Nachbarn, der Mediziner, der Pädagogen, der Politiker, und schließlich gibt es noch die 70000 Herkunftsfamilien der Kinder rund um Tschernobyl, in Weißrußland und in der Ukraine.

Deutlich wird erkennbar, daß der Reaktorunfall von Tschernobyl allmählich zu einem Umdenken in der Bevölkerung der beiden Länder führt. Aber eben gegenüber diesem Prozeß haben die Regierungen in Weißrußland und der Ukraine große Vorbehalte, um nicht zu sagen Ängste. Schon ist die Revolution der Kinder von Tschernobyl unaufhaltsam, die das Umdenken in den GUS-Staaten wie auch in der Bundesrepublik Deutschland fördert. Das mag derart bedrohlich wirken, daß unser perfekt ausgestatteter Denkapparat – und das gilt für Ost und West in gleicher Weise – alles aufwenden muß, um die Bewegung einzudämmen. Wie das geschieht? Wir mobilisieren Abwehrmechanismen. Einer dieser Abwehrmechanismen ist die Geburt eines Konstrukts wie die These vom „Kulturschock".

Um diesem Phantom entgegenzutreten, möchte ich neben den oben bereits zitierten Antworten, die ich bei meinen Interviews erhalten habe, hier auch auf einige Ergebnisse der quantitativen Befragung von 229 weißrussischen Gasteltern hinweisen:

- Über 90 Prozent der Befragten beurteilten die Auslandsreise ihrer Kinder als positiv.
- Nur ein Prozent der Befragten meinte, daß diese Reise nichts Gutes gebracht habe.

Folgende positive Aspekte wurden genannt:

- Ca. 75 Prozent der Befragten nannten an erster Stelle die *Erholung und Gesundung* sowie die *ärztliche Versorgung* in Deutschland.
- Von über 50 Prozent der Eltern wurde eine *Verbesserung des Gesundheitszustandes* ihres Kindes nach der Erholungsreise registriert.
- 7 Prozent der Befragten meinten, daß die Auslandsreise auch zur Verbesserung der materiellen Situation in der Familie beigetragen habe.
- Bei 40 Prozent der Befragten stand als positives Merkmal dieser Reisen im Vordergrund, daß die Kinder *neue Freunde* gewonnen, ein *fremdes Land kennengelernt* und viele *neue Eindrücke* gewonnen hatten.

Auf die Frage, wie sie die Auslandsreisen bewerten, vertraten 96 Prozent die Meinung, daß die Auslandsreise eine große Hilfe dargestellt habe. Nur ein Prozent der Befragten bewertete die Auslandsreise als schädlich. Auf die Frage, ob sowohl *Projekte im Ausland* als auch *im eigenen Land* gefördert werden sollten, antworteten mehr als 2/3 der Befragten *mit „Ja"*, nur 2 Prozent mit *„Nein"* – die übrigen enthielten sich hier bei der Entscheidungsfindung, *ob nach ihrer Meinung nur Projekte im eigenen Land vorrangig gefördert werden sollten.* Die Frage, ob *Erholungsmaßnahmen nur im eigenen Land* zu fördern seien, wurde eindeutig von der großen Mehrheit der Befragten (mehr als 2/3) verneint – nur 10 Prozent würden eine ausschließliche Förderung der Projekte im eigenen Land begrüßen.

Es bleibt zu fragen: Besteht nicht durch das Kulturschock-Konstrukt die große Gefahr, dem deutschen oder ausländischen Mitbürger ein doppeltes gutes Gewissen zu geben, indem er zum einen gehorsam den Rat der Regierung befolgt, den Kindern durch materielle Hilfe das Wohl im *eigenen* Herkunftsland angedeihen zu lassen, zum anderen über die Bescheinigung von „Ablaßzetteln" materieller Hilfe – Spendenquittungen – seine soziale Aufwertung erfährt. Damit ist die „scheinbare" Ruhe wieder hergestellt; die betroffenen Menschen aber – die eigentlichen Opfer von Tschernobyl – werden hinter die unsichtbaren Mauern von Weißrußland und der Ukraine erneut verbannt, vergessen und verlassen.

Was damit gleichzeitig erreicht wäre, ist die Wiederherstellung des eigenen Friedens. Es ist zu fragen, welchen Schock haben die Deutschen erlitten, als sie die Tschernobyl-Kinder bei sich aufnahmen? Es ist weiter zu fragen, welchen Kulturschock haben die deutschen Gasteltern erlitten, als sie erstmalig ihre Tschernobyl-Kinder bei ihren Herkunftsfamilien in den Holzhäusern oder Beton-Wohnsilos aufgesucht haben – ganz zu schweigen von dem lebenslangen Schock, angesichts des Elends, der Armut, des Hungers, der russischen Weite unfreiwillig konfrontiert zu werden mit langvergessenen Kriegsereignissen, konfrontiert zu werden mit den Schattenseiten der deutschen Geschichte, deren Ergebnis unter anderem die totale Zerstörung der Stadt Minsk war und eigene Trauer und Scham aushalten zu müssen im Angesicht der Herkunftsfamilien und Großeltern, einer Babuschka, die möglicherweise einmal von einem Deutschen vergewaltigt wurde.

Die Mutter eines Tschernobyl-Kindes hat mir tiefe persönliche Eindrücke gestattet:

- *„Wenn Sie so genau fragen, was sich damals ereignet hat, ja, dann muß ich zugeben – es stimmt – ich habe schwere, dunkle Erfahrungen mit den Deutschen gemacht. Ich habe noch nie darüber gesprochen, auch nicht mit meinen Kindern und nicht mit meinen Enkeln …*

Sie wissen es doch selbst, es gibt gute und es gibt schlechte Russen, wie es gute und schlechte deutsche Menschen gibt …

Ja, es stimmt, wenn Sie es denn hören wollen, ich habe zehn Jahre lang nachts aufgeschrien, weil ich immer wieder neu, jede Nacht neu, das kleine ängstliche Mädchen war. Mein Vater war in Sibirien, meine Mutter war allein mit uns sieben Kindern. Da kamen die Deutschen. Und ich war eines von den vielen kleinen Mädchen, das von den deutschen Soldaten an den Füßen gehalten und … ja, es war so … immer wieder neu, bedrohlich, nah, unmittelbar über das Feuer geschwenkt wurde. Sie wollten uns nicht verbrennen, nein, keines von uns. Sie wollten uns aber Angst machen, uns Kindern und unseren Müttern … Können Sie sich vorstellen, wie meine Mutter gelitten hat? Mein Vater ist von den Deutschen erschossen worden … Ja, das war es: Zehn Jahre lang habe ich jede Nacht denselben Angsttraum gehabt … Aber jetzt ist da kein Haß mehr …

Nein, es ist gut ... Ja, es ist gut, daß Sie da sind ... Ja, es ist auch gut, daß einmal alles zu sagen ... Ja, es ist gut, daß Sie zuhören und so viel nachfragen ... Ja, es ist gut ...[wortlos umarmt sie mich; Tränen fließen]. *Jetzt ist da wirklich nur noch Freude; Sie sind gekommen; Sie wollten das wirklich hören. Können Sie das alles überhaupt aushalten? Ich bin so froh* [sie steht auf, umarmt mich], *daß Sie da sind! Und daß nach Tschernobyl die Reisen unserer Kinder und diese Freundschaften möglich geworden sind. Danke. Danke, sagen Sie das auch weiter. Fragen Sie auch weiter, und kommen Sie auch wieder, bitte!"*

Ein anderer Zeitzeuge jenes Schreckensinfernos erzählte mir:

• *„Ich freue mich, daß Sie mich danach fragen, ich wollte schon immer einmal mit einem Deutschen über meine Erlebnisse in jener Zeit sprechen:*
Damals war ich fünf Jahre alt. Die Deutschen fielen in unser Dorf ein. Mein Vater wurde bei einem Fluchtversuch von einer Granate in Stücke zerrissen. Meine Mutter ‚durfte' seine Überreste, von den Deutschen überreicht, beisetzen. Wir – sie und meine vier Geschwister, das Jüngste war gerade drei Tage alt – wurden in ein Konzentrationslager nach Deutschland verschleppt.

Es war die Hölle ..., daß ich trotzdem mit meiner Mutter und zwei Geschwistern überlebte, verdanken wir Aufsehern im Konzentrationslager. Sie hatten alles eigenverantwortlich – unter Einsatz ihres Lebens – für uns gewagt ... Da gab es plötzlich mitten unter dem Feldbett ein Babykörbchen, ein Stück Brot, Milch ..."

Soweit ich auch reiste, fand ich Menschen, die den Mut hatten, sich ihren Tränen zu stellen, die darüber berichteten – Kinder wie Mütter –, daß sie nach ihrer Rückkehr tagelang bitterlich weinten, die eingestanden, daß Tränen die einzige und meines Erachtens die deutlichste Sprache waren, ihre Ohnmacht zu artikulieren. Tränen, von denen sie erzählten, daß sie nach drei Tagen und drei Nächten aus einer tiefen Trauerarbeit erwachten, um, im tiefsten Innern erschüttert und bewegt, neu aufzubrechen, die Gegenwart anzupacken und die Zukunft zu planen. Aus zugelassener und verarbeiteter Trauer war Mut erwachsen und die Saat der Tränen aufgegangen. Die Kraft ihrer stillen Friedens-Revolution sprengt das bisherige Denken. Darin liegt die Hoffnung der Zukunft – und zwar nicht nur für Weißrußland und die Ukraine, sondern auch für Deutschland auf dem Weg zum vereinten Europa.

Für diese Vision wird die Aussage eines Kindes aus Tschernobyl zu einer hoffnungsvollen Botschaft:

- *„Wenn ich groß bin, machen wir es umgekehrt. Ich freue mich schon darauf: dann kommen die deutschen Familien zu uns.“*

3. Die Aktuelle Situation

Leben nach der Katastrophe – Warten auf den Tod

„Ich sehe meine Mutter vor mir stehen;
ihrem Gesicht entschwindet das Lächeln
beim Klang dieses Wortes –
‚Tschernobyl'"

Briefe aus hochbelasteten Regionen sind wie brennende Dokumente: zu dieser Erkenntnis gelangte ALLA JAROSHINSKAJA, Trägerin des „Alternativen Friedensnobelpreises" und Mitglied in Präsident Jelzins Präsidentschaftsrat. Seit Beginn der 90er Jahre hat sie sich anhand geheimer Dokumente eingehend mit dem GAU und seiner Behandlung durch die Behörden befaßt (ALLA JAROSHINSKAJA, Verschlußsache Tschernobyl; Berlin 1994, S. 129) und gleichzeitig intensive Kontakte zu den betroffenen Bevölkerungskreisen gepflegt. Im folgenden sei aus einem an sie gerichteten Brief (ca. 600 Unterschriften) der Einwohner von Norizny, Klotschki und weiteren Dörfern aus dem Gebiet Shitomir zitiert:

- *„Wir haben alle Instanzen angesprochen. Doch blieben alle unserem Leid, dem Schicksal unserer Kinder gegenüber gleichgültig ... Das Echo der Tragödie von Tschernobyl wirkt sich immer mehr auf die Gesundheit unserer Kinder aus. Wir alle wohnen 60 km von Tschernobyl entfernt. Einer Mutter blutet das Herz, wenn man auf sie* *schaut. In der letzten Zeit hat sich die Gesundheit der Kinder bedeutend verschlechtert ... Die Lebensfreude ist verschwunden. ... Was kommt auf die zu, die das Licht der Welt noch erblicken werden?*

... Von 132 Kindern der Norinzowskaja-Mittelschule und 65 Kindern der Lataschowskaja-Mittelschule wurden 42 Kinder untersucht. Bei 39 wurden pathologische Abweichungen festgestellt. Die Kinder wurden zur weiteren, eingehenderen Untersuchung ins republikanische Strahleninstitut geschickt. Wir haben Angst, sie zum Fluß oder in den Wald spazierengehen zu lassen. Aber das alles macht doch die Kindheit eines Menschen aus. Nur ein Bürokrat ist imstande, die Zone in ‚saubere' und ‚nicht saubere' einzuteilen."

In dem erschütternden Brief wird außerdem mitgeteilt, daß die Bewohner eines untersuchten Dorfes in einem Jahr 1,087 rem in ihrem Körper aufgespeichert haben. Um diese Zahl einordnen zu können, muß man wissen, daß ein Mensch, der aus beruflichen Gründen einem erhöhten Strahlenrisiko ausgesetzt ist in seinem ganzen Leben (man geht von 70 Jahren aus) etwa 35 rem aufnehmen wird. Erschreckend ist, daß die jährliche Belastung von 1,087 rem in Weißrußland ein durchschnittlicher Wert ist. Es existieren Regionen, wo eine um ein Vielfaches höhere Belastung herrscht. In ihrem Brief an Alla Jaroshinskaja weisen die Eltern darauf hin, daß bei fast allen Kindern eine vergrößerte Schilddrüse festgestellt wurde. Tatsächlich schießt die Quote der Schilddrüsenerkrankungen – bei deutschen Kindern sehr selten – in Belarußland in die Höhe. Die Schilddrüsenvergrößerung ist ein deutliches Anzeichen einer funktionellen Schwächung der immunologischen Abwehrmechanismen – hervorgerufen durch die kindlichen Thymuszellen – des gesamten lymphatischen Systems und der Knochenmarksfunktion. Bei vielen Kin-

HEIMAT TSCHERNOBYL –
Verstrahlte Gebiete in Weiß-Rußland und in der Ukraine

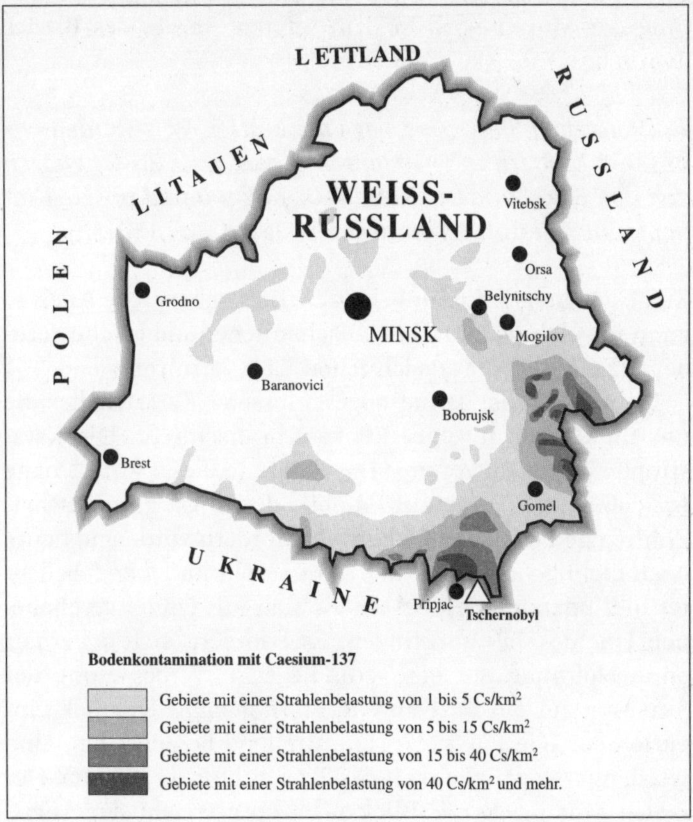

dern ist die Leber vergrößert und auch Kreislauferkrankungen sind häufiger geworden. Die ganze Sorge und Verzweiflung der Mütter wird in dem letzten Absatz des Briefes deutlich:

- *„Verstehen Sie unsere Lage als Mütter. Was werden wir unseren Kindern in 5–10 Jahren sagen, ganz zu schweigen von den Enkelkindern. Kann sein, daß wir und unsere Kinder keine Zukunft haben werden“* (a.a.O., S. 130f.).

Keine amtliche Erklärung, keine wissenschaftliche Analyse kann in solch realistischer, anschaulicher und erschütternder Art ein Bild der tatsächlichen Lage vermitteln.

Tschernobyl ist keine abgeschlossene Katastrophe, die uns ihr Grauen in einer Rückschau erschließt. Die Katastrophe liegt auch vor uns: Das Fatale an dieser Katastrophe ist, daß sie ein Perpetuum mobile der Angst gestartet hat. Zahlreiche Opfer, die Tschernobyl fordern wird, sind heute noch nicht geboren. *Mit der Katastrophe zu leben,"* bedeutet hier unendlich viel mehr als sich mit einem geschehenen Unglücksfall abzufinden. Es erfordert, sich dauerhaft ohne Hoffnung auf eine grundlegende Verbesserung der Situation auf ein fortwährend *geschehendes* Unglück einzurichten. Wie Horst Petri zutreffend bemerkt hat, sind wir damit der Möglichkeit des Trostes beraubt worden. Der neuen Mut machende Blick nach vorn weicht der Angst, keine Zukunft zu haben. Tschernobyl ist eine Katastrophe der Zukunft!

Bei der im Rahmen meiner Studie durchgeführten quantitativen Befragung von 765 Tschernobyl-Kindern gaben diese auch an, was sie mit dem Begriff „Tschernobyl" verbinden. Für nahezu alle Kinder ist das Wort „Tschernobyl" mit festverankerten Erinnerungen, Assoziationen, Schreckensbildern bzw. Erlebnissen verbunden.

Die Antworten der Kindern sind in Kap. 8, unter der

Frage *„Woran denkst Du, wenn Du Tschernobyl hörst? Erinnerst Du Dich …“* zusammengestellt.

Einige Kinder konnten es einfach nicht verstehen, daß das Atomkraftwerk *weiterläuft.* Für einige bedeutete „Tschernobyl“ der *siechende Tod* – so ein Kind:

- *„Wenn ich dieses Wort höre, muß ich unwillkürlich darüber nachdenken, wieviel Jahre mir noch bleiben werden, wie lang ich noch leben kann.“*

Vier Kinder gaben an, so *verzweifelt* zu sein, daß sie nicht weiterleben wollten, wenn sie an „Tschernobyl“ erinnert würden.

Gerade für Kinder ist die Situation besonders bedrohlich, weil ihre immunologischen Abwehrsyteme die potentiell schädlichen Einflüsse auf den Organismus, wie sie beispielsweise von Noxen und Infektionserregern ausgehen, erst noch erkennen lernen und ihre Abwehrkraft noch trainieren müssen. Durch das tägliche Strahlen-Bombardement wird dieses System geschwächt bzw. nicht voll entwickelt. Wie oben bereits erwähnt wurde, ist bei weißrussischen und ukrainischen Kindern vor allem ein Ansteigen von Schilddrüsenkrebsfällen nachzuweisen. Der extreme Jodmangel vor der Katastrophe führte dazu, daß die Schilddrüsen der Kinder das durch den GAU freigesetzte radioaktive Iod-Isotop 131 *„regelrecht aufgesogen“* haben (Vgl. *Die Zeit* vom 19. Mai 1995). Bei über 30 Prozent der Kinder in Belarußland lassen sich heute Abweichungen in der Funktion der Schilddrüse nachweisen. Von 1979 bis 1986 wurden in Weißrußland nur drei Fälle von Schilddrüsenkrebs bei Kindern festgestellt. Im Zeitabschnitt von 1986 bis Oktober 1994 waren es 310 Fälle. Dabei ist zu berücksichtigen, daß mehr als 30 Prozent der Schilddrüsenkarzinome bei den Kindern von Metastasen in Lymphknoten, Lunge und anderen Organen begleitet werden. Vor allem in den hochverstrahlten Regionen im Südwesten Weißrußlands ist ein dramatischer Anstieg derartiger Turmorerkrankungen festzustellen. Nach den Angaben des Strahlenmedizinischen Instituts der Republik Belarußland sind zur Zeit etwa zwei Millionen betroffene Menschen, darunter etwa 500000 Kinder von der medizinischen Gesundheitsüberwachung erfaßt. Darunter befinden sich:

- 66000 der Liquidatoren;
- über 12000 Menschen, die aus der 30-Kilometer-Zone um den Tschernobyl-Meiler evakuiert worden sind;
- etwa 83000 Menschen, die aus der erst- und zweitrangigen Aussiedlungszone stammen, bzw. noch in diesen Zonen wohnen;
- über 10000 Kinder, die nach der Katastrophe von den oben genannten Bevölkerungsgruppen geboren wurden;
- über 1,8 Millionen Menschen, die in Zonen leben, für die ein Aussiedlungsrecht eingeräumt wurde und die regelmäßigen Radioaktivitätsmessungen unterliegen.

Bei den aufgeführten Personengruppen konnte allgemein eine Zunahme der Erkrankungen festgestellt werden. Chronische Erkrankungen und große Risikofaktoren für die weitere Gesundheitsentwicklung wurden für 71,1 Prozent der Erwachsenen und für 70 Prozent der untersuchten Kinder nachgewiesen. Zugenommen haben auch die Erkrankungen der Verdauungsorgane, hauptsächlich durch chronische Gastritis und Gastroduodenitis. Im Jahr 1993 ist die Anzahl dieser Erkrankungen in den betroffenen Gebieten um das 1,4-fache und 1994 um das 1,6-fache angestiegen. Die Häufigkeit von Neuro- und Kreislauferkrankungen hat sich bei den der regelmäßigen Kontrolle unterliegenden Personen um den Faktor 1,3 erhöht. Kinder sind vor allem von Erkrankungen der Atemwege betroffen.

Das Tempo, mit der die Gesundheitskennziffer in der Zeit nach der Katastrophe angestiegen ist, liegt viel höher als allgemein erwartet worden ist und läßt sich nicht nur durch die radioaktive Strahlung, sondern auch durch die Einwirkung von schädlichen ökologischen, sozial-wirtschaftlichen, psychologischen und anderen Faktoren erklären. Unter den zahlreichen Folgeerscheinungen des GAUs sind auch die möglichen genetischen Schädigungen besorgniserregend. Nach Angaben des Forschungsinstituts für vererbte und angeborene Krankheiten der Republik Belarußland nahm die Zahl der Kinder mit angeborenen Mißbildungen in den Gebieten Gomel und Mogilow deutlich zu. Da bestimmte Krebserkrankungen erst in einem späten Lebensstadium auftreten, ist es zum jetzigen Zeitpunkt noch überhaupt nicht möglich, das ganze gesundheitliche Ausmaß der Katastrophe zu ermessen. Daher ist man, so Professor Edmund Lengfelder vom Strahlenbiologischen Institut der Universität München, *„von der Spitze des Eisberges noch weit entfernt“* (Vgl. *Frankfurter Rundschau* vom 21. Juni 1994).

Das gilt sicher auch, wenn man bedenkt, daß noch zahlreiche Menschen in den verstrahlten Gebieten leben. Zum einen ist diese erschreckende Tatsache auf die völlig unzureichende Umsiedlungspolitik der weißrussichen Regierung zurückzuführen, die ihre Gründe wiederum in einem sträflich ignoranten Umgang mit Strahlungswerten, aber auch in finanziellen Problemen findet. Zum anderen sind einige der umgesiedelten Menschen in ihre angestammten – und verstrahlten – Dörfer zurückgekehrt und ergeben sich dort ihrem Schicksal.

Die genannten Fakten lassen den Umfang der medizinischen Katastrophe, kaum aber das Angesicht der Katastrophe erahnen. Das ist auch eine Erfahrung der deutschen Gasteltern gewesen, die ich auf ihrer Reise nach Weißrußland und in die Ukraine begleitet habe:

- *„Der hohe Grad der Verstrahlung war mir zwar vom Verstand aus bewußt geworden; aber erst im Angesicht der Kinder, die zum Teil wie Gespenster aussahen, wurde die-*

ses mir hier richtig klar; ich erschrak; ich war sogar entsetzt und fühlte mich total hilflos.

Ich sah zum ersten Mal den vierjährigen Bruder meines Tschernobyl-Kindes – blaß, apathisch, fast greisenhaft schlurfte er an der Wand entlang. Die Mutter zeigte mir die ausgefallenen Haarbüschel, viele runde weiße Flecken gab es in dem stumpfen, letzten dünnen Haar. Er war so zerbrechlich, so schwer krank, aber es gab keinen Platz im Krankenhaus."

- *„Man spricht zwar viel über die Folgen der Katastrophe – man weiß genau, daß Kinder und Erwachsene darunter leiden – aber das wußte ich nicht, daß unsere beiden Familien so direkt betroffen sind ... daß die beiden Brüder unseres Tschernobyl-Kindes so schwer krank sind. Der sechsjährige Junge leidet an Schilddrüsenkrebs, der neunjährige an Leukämie. Da kann ich gar nicht anders, als noch mehr helfen als bisher."*

Die psychosoziale Dimension der Bedrohung, welche die weißrussischen Familien durch Krankheit und tödliche Strahlung erfahren, wird in den Ergebnissen meiner Studie sichtbar. Die Eltern von Tschernobyl-Kindern wurden gefragt, welche Dinge sie gegenwärtig stark belasteten, wovor sie Angst hätten, welche Hoffnung es gäbe, an die sie glauben könnten und ob es etwas gäbe, auf das sie sich freuen könnten.

Eindeutig überwogen bei der Beantwortung dieser Frage die *negativen* Aspekte:

- 44 Prozent der Befragten hatten *Angst vor eigenen Erkrankungen*, insbesondere aber Angst vor Verschlechterung des *Gesundheitszustandes ihrer Kinder.*
- 20 Prozent sahen überhaupt *keinen Ausweg* aus ihrer Lage – insbesondere unter dem Aspekt der Zukunft für ihre Kinder.

- 15 Prozent fürchten, daß die *Radioaktivität* negative Einflüsse auf die *klimatischen Verhältnisse* habe und daß die weiterhin bestehende *Radioaktivität die Lebensmittel vergiften* würde.
- 5 Prozent äußerten zu diesem Fragenkomplex die *Angst*, daß sich *die wirtschaftliche Situation* noch weiter verschlechtern könnte.
- 3 Prozent meinten, die *Katastrophe könnte sich wiederholen*.
- Von einigen wurde die Angst geäußert, sie könnten ihre *Arbeit verlieren*. Es könnte ein *neuer Krieg* entstehen. Einige der Befragten befürchten sogar, *daß sie diese schwere Situation nicht überleben* könnten.

Nur 4 Prozent der Befragten äußerten, daß sie keine Angst hätten.

Auf die Frage, ob für sie als Betroffene überhaupt irgendeine Hoffnung bestehe, äußerten sich 26 Prozent nicht. Die übrigen bejahten bzw. verneinten diese Frage je zur Hälfte.

Von denjenigen, die Hoffnung auf Hilfe erwarten, erwuchs diese Hoffnung:
- Bei 21 Prozent aus dem Vertrauen auf die Hilfe Gottes.
- Bei 8 Prozent aus dem Vertrauen, die eigenen Probleme kompetent lösen zu können.
- Bei weiteren 8 Prozent aus dem Vertrauen auf ausländische Hilfe.

„Tschernobyl – Schon fast vergessen ...?"

Daß Tschernobyl dennoch – trotz Kulturschock-Konstrukt – im öffentlichen Bewußtsein kein Thema mehr ist, verdeutlicht nicht nur die Spontanaussage des Hannoverschen Taxifahrers auf dem Weg zum Flughafen: *„Nach Tschernobyl wollen Sie fahren? Das ist doch schon fast vergessen! Was haben Sie da noch zu suchen?"*

Meine Antwort, daß gegenwärtig – wie alljährlich viele Male bundesweit – über 300 Gasteltern allein aus Deutschland, aus insgesamt 172 Initiativen, sich aufmachen, mit eigenem Geld finanziert, um ihre sogenannten Erholungskinder bzw. Patenkinder aus Tschernobyl in ihren Herkunftsfamilien inmitten der Heimatdörfer in Weißrußland zu besuchen, erschien ihm noch weniger nachvollziehbar. Hierzu bemerkte mein Taxifahrer: *Da ist doch sowieso alles ausweglos; also wozu das Ganze?*

Damit stimmte er überein mit der öffentlich allzu leichtfertig verbreiteten Meinung, deren Oberflächlichkeit durch die Aussage der uns begleitenden Dolmetscherin in Weißrußland entlarvt wurde. Sie resümierte am Ende unserer Gastelternreise in ihren Abschiedsworten: *„Wenn auch für die meisten Familien in Mogilow, Gomel, Belynitschy, Minsk, Kiew und anderen verstrahlten Orten und sonstwo schon alles ausweglos und fast verloren scheint, weil die Kinder keine Zukunft mehr haben, so bleibt doch das unverlierbare Erlebnis ihrer gemeinsamen Zeit in Deutschland bzw. hier in der weißrussischen Familie als eine Erfahrung von Glück. Vielleicht ist es das Einzige und das Wichtigste, was wir tun können ... Wir kennen das Morgen nicht, aber durch Ihr Dasein als Paten in Deutschland und an anderen Orten der Welt haben wir ein glückliches Heute."*

Aus der scheinbar gedankenlosen Aussage eines Jedermanns – des Taxifahrers in Hannover 1994 – klingt sicherlich auch das Echo auf die internationale Debatte seit der Reaktorkatastrophe in Tschernobyl von 1986. Nach fast endlosem Verschweigen des Unglücksfalls in Weißrußland war es 1989 wie ein Todesurteil für die Betroffenen, als die zwischenzeitlich einberufene unabhängige Gutachterkommission im Auftrage der INTERNATIONALEN ATOMENERGIEBEHÖRDE (IAEA) mit Sitz in Wien ihre Ergebnisse vorlegte. Zum Erstaunen der Weltöffentlichkeit gipfelte die zentrale gutachterliche Aussage in dem Satz:

• *„Es besteht kein direkter Zusammenhang zwischen dem Ausbruch der Reaktorkatastrophe und den auftretenden Schäden und Erkrankungen rund um Tschernobyl."*

Diese Aussage erscheint um so unbegreifbarer angesichts der wissenschaftlichen Anerkennung von Untersuchungen über die radioaktiven Spätschäden in Hiroshima.

Durch die gutachterliche Aussage wurde jeder Rechtsanspruch auf internationale Hilfe der Boden entzogen. Als dann in der nachfolgenden Generalkonferenz der VEREINTEN NATIONEN im Dezember 1991 in New York alle Mitgliedsstaaten aufgefordert waren, ihre ausgearbeiteten Vorschläge zur Verbesserung der Situation in Tschernobyl vorzulegen, wurde offenbar, daß kein Geld zur Verfügung gestellt werden konnte, weil kein ursächlicher Zusammenhang zwischen Katastrophe und Nachfolgeschäden gesehen wurde. Wegen dieser gutachterlichen Verneinung einer Koppelung von Katastrophe und Schäden konnte kein Mitgliedsland der UN verbindlich in die Pflicht genommen werden, nachhaltige Hilfe zu leisten, vielmehr blieben die Opfer ausschließlic – wie schon bisher – auf freiwillige Hilfe angewiesen. Die IAEA ordnete lediglich einen Mitarbeiter zur Führung eines Büros TSCHERNOBYL-HILFE zur Eintreibung von Spenden – jedoch fast ohne eigenes Budget – mit Sitz bei der UN in Wien ab.

Damit begann die **zweite Tschernobyl-Katastrophe**, nämlich das legitimierte öffentliche Verdrängen und Vergessen, nicht zuletzt aber das Verlassen-Werden der Opfer. Feststellungen an Ort und Stelle offenbarten, daß die Not der Menschen nicht allein in den gesundheitlichen Schäden oder in den materiellen Mangelerscheinungen liegt. Vielmehr ist es das Gefühl, in dieser Not von der Weltöffentlichkeit vergessen zu sein, das die eigentliche seelische Verletzung bei den Betroffenen auslöst. Hinzu kommt die Erfahrung, daß im eigenen Land die Aufklärung über Art, Ausmaß und Folgen der Katastrophe verhindert wird und daß das Gutachten der IAEA zu einem öffentlich legitimierten Desinteresse führte. Im Bild der kommunizierenden Röhren gesprochen, scheint es sich so abzuzeichnen: je höher das Ausmaß der Katastrophe ansteigt – vergleichbar mit *Hiroshima* und *Nagasaki* schon jetzt erheblich höher – desto tiefer sinkt infolge des zunehmenden zeitlichen Abstandes zum Katastrophenausbruch das öffentliche Interesse. Interesse findet das Thema Tschernobyl in den westlichen Industriestaaten im Grunde nur, wenn die eigene Sicherheit bedroht ist. So leistet die Europäische Union im Rahmen des Programms „Tacis" technische Unterstützung, um die nukleare Sicherheit in den ehemaligen GUS-Staaten zu verbessern. In den Jahren von 1991 bis 1994 wurde im Rahmen dieses Programms eine halbe Milliarde Mark von der EU zur Verfügung gestellt. Auch auf den vergangenen G-7-Treffen der führenden westlichen Industrienationen 1994 in Neapel und 1995 in Halifax war die Sicherheit der Reaktoren im Osten Europas, insbesondere der Tschernobyl-Reaktor, immer wieder ein Thema. So wichtig diese Fragen sind, wird das Leid der betroffenen Menschen in diesem Zusammenhang nur selten angesprochen. Die erschütternde menschliche Dimension der Katastrophe hat hinter die technischen Aspekten zurückzutreten.

Das war im Herbst 1991 nicht anders, als mich die STÄNDIGE VERTRETUNG DER BUNDESREPUBLIK DEUTSCHLAND BEI DEN VEREINTEN NATIONEN IN WIEN – anläßlich der Tagung der Frauenrechtskommission darum bat, mich der Aufgabe anzunehmen – aus der Sicht einer Erziehungswissenschaftlerin erste Empfehlungen zur Verbesserung der Lebenssituation der Menschen in Tschernobyl zu entwickeln. Durch diese Anfrage wollte die STÄNDIGE VERTRETUNG DER BUNDESREPUBLIK DEUTSCHLAND BEI DEN VEREINTEN NATIONEN in Wien in Übereinstimmung mit dem BÜRO ZUR TSCHERNOBYL-HILFE die Voraussetzungen schaffen, den betroffenen Tschernobyl-Opfern nicht länger nur den Fisch, sondern auch die Angel selbst auszuhändigen. Damit begann für mich eine Phase vielfältiger Kontakte, Gespräche, Reisen zu den betroffenen Menschen in Tschernobyl.

Zwischenzeitlich habe ich – wie berichtet – viele Gespräche mit Menschen in den verstrahlten Gebieten Weißrußlands um Minsk, Mogilow, Gomel wie auch in der Ukraine rund um Kiew herum geführt. Dabei verfestigte sich zunehmend der angesprochene erschütternde Eindruck der sich abzeichnenden sinkenden öffentlichen Anteilnahme einerseits und andererseits des gleichzeitig anwachsenden Leidens vor Ort. Aber inmitten dieses Elends schien sich auch die HÖLDERLINsche Erfahrung zu bewahrheiten: *Wo viel Zerstörendes ist, da wächst das Rettende auch.* So haben sich seit 1991 – zunächst eher unscheinbar, aber zunehmend unübersehbar – eine Fülle von Initiativen in Deutschland wie im europäischen Ausland zusammengefunden, die wie Knoten eines Netzes Verbindungen zwischen Ost und West knüpfen. Kreuzpunkte dieses Netzes wurden von den Kirchen, freien Verbänden, politischen Gruppierungen aber auch durch ganz private Initiatoren in Form von Bürgerinitiativen aus allen relevanten gesellschaftlichen Gruppierungen gebildet. Analog dazu bahnten sich auch in Weißrußland und der Ukraine erste Bürgerinitiativen an, die – mehr oder weniger abhängig von staatlichen Interessen – eigenständige Netzwerke aufbauten. Exemplarisch sei an dieser Stelle die STIFTUNG „DEN KINDERN VON TSCHERNOBYL" in Minsk genannt, weil sie als Bürgerinitiative erste Ansätze meiner empirischen Untersuchung unterstützte.

Im Rahmen meiner Studie stellte ich 229 weißrussischen Eltern von Tschernobyl-Kindern die Frage, welche Hilfe sie erfahren hätten und was am meisten geholfen habe, der Familienzusammenhalt, die Beziehungen zu Freunden und Kollegen, die Hilfe aus dem eigenen Land durch Staat, Kirche sowie Bürgerinitiativen oder die Hilfe aus dem Ausland durch Staat, Kirche sowie Bürgerinitiativen.

Eine exakte quantitative Auswertung dieser Fragen gestaltete sich äußerst schwierig, da ich auf einen wenig aufgeklärten Kenntnisstand der betroffenen Eltern bzw. Kinder stieß. Die Mehrzahl der Befragten wußte nicht genau, von wem die Hilfe eigentlich kam. Solange die Befragten nicht ernsthaft betroffen waren, wie z.B. durch die Notwendigkeit medizinischer Hilfe, zeigten sie auch größtenteils kein Interesse daran, aus welchen Quellen die humanitäre Hilfe gekommen war.

- 44 Prozent der Befragten gaben an, eine gewisse *Hilfe als Tschernobyl-Betroffene erhalten* zu haben: hiervon 68 Prozent vom eigenen Staat. 6 Prozent erhielten diese Hilfe von *der weißrussischen Kirche* und 26 Prozent von verschiedenen *einheimischen Bürgerinitiativen.*
- 28 Prozent gaben an, Hilfe von *ausländischen staatlichen Organisationen* erhalten zu haben, 19 Prozent von *ausländischen Kirchen* und 65 Prozent von *unterschiedlichen ausländischen Bürgerinitiativen.*
- Der *eigene Familienzusammenhang* war für 21 Prozent aller Befragten eine wichtige Voraussetzung dafür, die fatalen Lebensbedingungen zu meistern. Ca. 6 Prozent der Befragten gaben an, *Unterstützung von Freunden* bzw. *Kollegen* erhalten zu haben.
- 56 Prozent der Befragten meinten, sie hätten *von keinem Hilfe erhalten.*

4. Nicht länger eine Ein-Bahn-Straße – Forscherteam aus Ost und West

Mit meinem Vorhaben sollte erstmals der bisher vernachlässigte Aspekt psychosozialer Hilfe in den Blick genommen werden. Daß ähnliche Untersuchungen der psychosozialen Bedingungen bisher kaum durchgeführt wurden, ist, wenn überhaupt, nur verständlich angesichts des Übermaßes extremer existentieller Notsituationen vor Ort, in denen es zunächst gilt, die sogenannten *basic needs* nach der MASLOWschen Bedürfnispyramide zu befriedigen, bevor die psychosoziale Aufgabe der Bewältigung kritischer Lebensereignisse, wie chronische Krankheit, Sterben und Tod, in den Blick genommen werden kann. Eine Verengung der Perspektive auf die betroffenen Menschen im Osten wollte ich bewußt vermeiden und ging daher von folgender Prämisse aus:

> Die Erarbeitung von Empfehlungen zur Verbesserung der psychosozialen Situation betroffener Menschen rund um Tschernobyl verlangt als Grundvoraussetzung die Anhörung *aller* Beteiligten, das heißt einerseits der Menschen in den verstrahlten Gebieten *im Osten* sowie andererseits der Menschen in den sie unterstützenden Ländern *im Westen.*

Mein Hauptanliegen war es, die *beiderseitige* Blickrichtung schrittweise zu verändern. Das heißt: Keine westliche EIN-BAHN-STRASSE in Richtung Osten, sondern eine DOPPELBAHN-STRASSE von Ost nach West und umgekehrt, an deren Aufbau beide Seiten *gleichzeitig* beteiligt werden sollten. Das schien die Voraussetzung dafür zu sein, – bildlich gesprochen – die notwendige Ost-West-Brücke dauerhaft zu erhalten und der Gefahr schnell wieder verfliegender Euphorie entgegenzuwirken: Die Folgen des Zusammenbruchs dieser Achse hätten in erster Linie wiederum die Tschernobyl-Opfer zu tragen. Aus meiner Sicht hätte sich dadurch ungewollt – aber ungleich zerstörerischer – für diese Menschen eine **dritte Tschernobyl-Katastrophe** angebahnt: das enttäuschte Vertrauen als seelische Katastrophe.

Hatte die *ursprüngliche* Katastrophe primäre Körperschäden hervorgerufen, so traten durch die o. a. *zweite* und die mögliche *dritte* Tschernobyl-Katastrophe wesentlich die psychischen Schäden hervor, nämlich Depression und Verlassenheit durch das Vergessenwerden. Um dem entgegenzuwirken, sollten die Erfahrungen aller Beteiligten als Grundlage für geeignete Empfehlungen zur Sprache kommen. Die Perspektive der Kinder von Tschernobyl sollte mit der Perspektive der Gastfamilien in Deutschland, mit der Perspektive der Herkunftsfamilien in Weißrußland und in der Ukraine und auch mit der Perspektive der Politiker verschränkt werden. Dazu wurden den Kindern, den Gastfamilien und den Herkunftsfamilien standardisierte Fragebögen vorgelegt, die uns Aufschluß geben sollten über die menschliche, die psychosoziale Dimension der Katastrophe von Tschernobyl. Auch über den Nutzen und die Auswirkungen der Auslandsreisen – in Ost und West – wollten wir uns ein Bild machen.

In vielen Interviews, Einzel- und Gruppengesprächen haben wir versucht, die Lebenswelten der Kinder und ihrer Herkunftsfamilien zu erkunden. Um die Sprachbarrieren der Kinder zu überwinden, haben wir ergänzend Zeichnungen anfertigen lassen, die von einer Kinderpsychologin ausgewertet wurden. Die betroffenen Menschen wurden desweiteren aufgefordert, die eigene Lebensgeschichte niederzuschreiben. Auch Diskussionsrunden in der Ost-West-Begegnung wurden dazu genutzt, seelische, psychologische und kulturelle Barrieren abzubauen und zu überwinden.

Nicht länger eine EIN-BAHN-STRASSE – Begegnung Ost-West und West-Ost

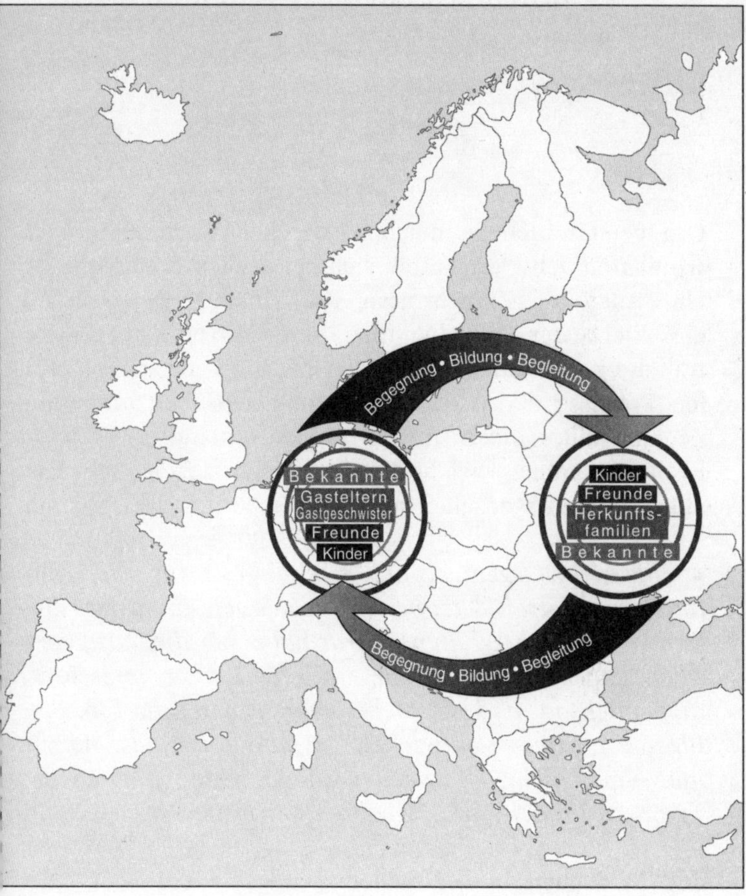

5. Eigen-Initiative – Bisher bestraft, jetzt gefordert

Um verständlich zu machen, welche scheinbar unüberwindbaren Schwierigkeiten sich bei der Durchführung der Untersuchungen auftürmten, muß man Einblick in die Geschichte der Menschen im „alten Rußland" und Sowjetrußland gewinnen. Für jene Menschen, die die schmerzvollen Prozesse der Wiedervereinigung zwischen alten und neuen Bundesländern mitten in Deutschland erlebten, ist leicht erkennbar, welche Parallelen sich abzeichnen. Fast alle befragten Menschen rund um Tschernobyl klagten an:

- *„Bis in die Gegenwart hinein wurden wir für jede Eigen-Initiative bestraft, jetzt bestraft man mich für das, was ich mühselig in Jahrzehnten gelernt habe: nämlich still sein, mich anpassen, schweigen, mitschwimmen. Jetzt klagt man mich an, daß ich nicht mehr in der Lage bin, eine Eigen-Initiative zu entwickeln. So paradox ist das. Manchmal glaube ich, ich werde verrückt. Oder, bin ich das schon ..., bin ich gar schizophren?"*

Die Menschen in den neuen Bundesländern waren der Unterdrückung im sozial existierenden Sozialismus 40 Jahre lang ausgesetzt, um wieviel länger war der staatlich erzwungene Meinungsverzicht in der Sowjetunion? So wird nachvollziehbar, daß die Befragung der Kinder von Tschernobyl – der erste Schritt der Untersuchung – auf erhebliche Schwierigkeiten stieß, und das nicht nur bei den Kindern, sondern gleicherweise – gravierender – bei den Dolmetschern. Bedauerlicherweise mußte aus den schon genannten Finanzgründen auf unabhängige, neutrale Dolmetscher verzichtet und die als Kinderbegleitung tätigen Erzieher zugleich als Dolmetscher genutzt werden. Verständlicherweise waren aber auch die Dolmetscher Opfer ihrer Lebens- und vor allem tief internalisierten Lerngeschichte. Sie waren oft bemüht, von den Kindern jeweils die Antwort zu erfragen, von der sie glaubten, daß wir uns diese erhofften. Aus der Interaktion zwischen Dolmetschern und Erziehern ließ sich oft lediglich nonverbal wahrnehmen, daß eine außerordentlich autoritäre, wenig gelockerte, nicht selten auch ängstigende und einschüchternde Beziehung wahrzunehmen war. Konkret beobachteten wir:

Bei den Kindern: die Kinder ihrerseits wirkten wenig kindlich, eher ängstlich, außerordentlich eingeschüchtert, immer um wohlgefälliges, angepaßtes, jedermann rechtmachendes Verhalten bemüht. Es war nicht ausgeschlossen, daß sie zu weinen anfingen, sobald Papierbögen oder Zeichenblätter mit der Aufforderung, etwas zu zeichnen, an sie herangetragen wurden.

Bei den begleitenden Müttern: auch die Mütter, die mit ihren Kleinkindern oder kranken Kindern nach Deutschland gereist waren, versuchten, ein durchweg angepaßtes Verhalten an den Tag zu legen. In den Augenblicken, in denen man sie zunächst ohne jede zielgerichtete Absicht nach ihrer Meinung befragte, lächelten sie verlegen und sagten: *Ich weiß nicht.* Trat man mit konkreten Aufgaben an sie heran, wurden gar Papiere vorgelegt; so ergriffen sie nicht selten die Flucht; verschlossen sich in den Toiletten, und auch auf die noch so wohlwollendste Anfrage reagierten sie lange Zeit mit Schweigen. Wenn es dann nach langer Überzeugungsarbeit überhaupt gelang, sich einem Vertrauens- und Befragungsgespräch anzunähern, antworteten sie eher verkürzt mit *Ja* oder *Nein* und versuchten, sich jeglicher Interpretation zu entziehen. Auch vorgegebene Deutungsangebote blieben unkommentiert im Raum stehen. Es galt, hinter scheinbar lähmender Apathie immer wieder neu das unverschuldet erlernte Verhalten zunächst auszuhalten, um es dann gemeinsam aufzubrechen und neue Wege zu finden.

Bei den Herkunftsfamilien: die Familien der Kinder aus Tschernobyl in den Herkunftsländern Ukraine und Weißrußland wurden ebenfalls durch Kinder-Begleiter in der Funktion als gleichzeitige Dolmetscher befragt. Analog zu dem Verhalten der Mütter in Deutschland entwickelten auch sie eine große Scheu bei der Beantwortung der Fragen und flüchteten in Schablonen oder Schweigen.

Ein erfahrener und weltoffener belarussischer Politiker möchte im Hinblick auf seine in der Politik tätigen Kollegen derartige Erlebnisse anders interpretiert wissen; er kommentierte es so: „*Das geschilderte Beispiel ist mit dem ‚Identität-Bewahren‘ und mit dem hiermit verbundenen ‚schweigenden In-Sich-Gekehrt-Sein‘ nicht 100prozentig erklärbar. Hierbei geht es vielmehr um die Erscheinungsformen einer ‚morgenländlichen Mentalität‘ bzw. um die ‚ostslawische Scham, arm zu sein‘. Es ist wenig zutreffend, derartige Verhaltensweisen mit dem ‚Fehlen von Initiative‘ oder gar als Folge der totalitären Erziehung unter dem kommunistischen Regime zu erklären.*“

Bei den Politkern: bemerkenswerter Weise mußte mehrfach festgestellt werden, daß Termine urplötzlich platzten, daß Zusagen nachträglich als Irrtümer zurückgenommen oder gar als falsche Verständigung umgedeutet wurden. Um ein konkretes Beispiel zu geben. Zur Vorbereitung meiner Reise war zwischen dem Auswärtigen

Amt und der Regierung in Weißrußland die übereinstimmende Absprache getroffen worden, daß Weißrußland die Unterbringung und die Transportkosten übernehmen sollte. Nachdem schon die erste Zusage der Unterbringung nicht eingehalten worden war, sollte der Transport in die verstrahlten Gebiete an einem Freitag Morgen um sieben Uhr unter Begleitung von Fahrer und Dolmetscher sichergestellt werden, was durch die Rückfrage meines eigenen Dolmetschers am Vortage mehrfach bestätigt wurde. Als der Termin in der Morgenstunde verstrich, indem weder Fahrer noch Dolmetscher vor dem Hotel erschienen, wurde meinem begleitenden Dolmetscher auf Nachfrage mitgeteilt, *ich* hätte mich geirrt, der bereitgestellte Wagen habe bereits am Vortage um sieben Uhr auf mich gewartet. Das veranlaßte meinen begleitenden Dolmetscher zu dem Kommentar: *„Dieses Spiel ist uns schon so lange bekannt; darum haben wir für Sie vorausschauend schon einen Ersatzwagen besorgt"*.

Gegensätzlich zu diesen eher negativen Erfahrungen steht die außerordentlich stützende Erfahrung mit dem ersten Botschafter Weißrußlands in Deutschland, der mit großer Souveränität in seiner Person bemüht blieb, die Konflikte aufzulösen.

Nicht zuletzt mag der Schlüssel für dieses souveräne und durchaus „abendländische" Verhalten des hochgestellten Beamten in seinem nicht typischen Lebenslauf und der politischen Biographie liegen – kein Nomenklatura-Diplomat –: nach dem Abschluß der Linguistischen Fakultät der Universität in Minsk viele Kontakte im westlichen Ausland, außerdem Studium von Finanz- und Patentwissenschaften, zwei Jahre Vorsitz im Auswärtigen Ausschuß des belarussischen Parlaments, aktive Beteiligung in der demokratischen Opposition im Parlament. Die Folge: keine „Identitätsprobleme", der „Ist-Zustand" entsprach in der damaligen Phase als Botschafter weitgehend dem von idealen Maximen bestimmten Handeln. Das Ergebnis: angesichts der *„friedlichen Revolution durch die Kinder von Tschernobyl"* verstand er sich in seiner Funktion als erster Botschafter auch als ein *„erwachsener Bote"* der Annäherung, im Sinne des *„Friedensdienstes"* und der *„Versöhnung der Völker"*.

Anhand eines weiteren Beispiels – dem eher typischen Lebenslauf eines hochrangigen Militärbeauftragten, der uns als einer von vielen „zufällig" bekannt wurde – mag erkennbar werden, vor welch scheinbar unüberwindbaren Hindernissen eine Studie wie diese steht, deren ausdrücklich erklärtes Ziel es ist, Einstellungen und Deutungsmuster von Menschen zu verstehen und *mit* ihnen gemeinsam ihre Zukunft neu zu gestalten. Die Lebensgeschichte verdeutlicht, wie tief die persönliche Identität mit der anerzogenen, politisch geprägten Identität verflochten ist. So wurde unsere Tschernobyl-Initiative von belarussischen Menschen u. a. auf eine mögliche medizinische Hilfeleistung für einen von Tschernobyl-betroffenen Liquidator, einem hohen Militär, angesprochen. Nachdem wir entsprechende Schritte unternommen hatten, standen wir ratlos vor dessen Reaktion, die uns ein weißrussischer Vermittler wie folgt mitteilte:

- *„Herr X, der Liquidator, der im Jahr 1986 in den ersten 42 Tagen nach der Katastrophe ‚ahnungslos' die Aufräumungsarbeiten unmittelbar am Reaktor mitdurchgeführt hatte, lehne alle angebotene Hilfeleistung resolut ab. Er weise grundsätzlich alle Menschen ab, die mit guten Vorsätzen zu ihm kämen."*

Auf Nachfragen meinerseits ergänzte der Vermittler:

- *„Herr X bleibe in sich gekehrt und versuche, seine Identität aus der Phase ‚vor' der Katastrophe zu bewahren. Es* *habe den Anschein, daß er eine schwere Depression erleide – was nicht allein aus dem Erkennen der für ihn unerwartet eingetretenen Strahlenfolgen mit einer zum Tode führenden Erkrankung begründet sei. Sein Verhalten erscheine vielmehr auch begründbar aus der tiefen seelischen Erschütterung über das Zerbrechen einer Lebensordnung, an die er einst in seinem wohlsituierten Zustand geglaubt habe. Seine Lebens- und Berufsgeschichte – aber auch sein Weltbild – wäre mit der Explosion von Tschernobyl zerstört worden. Seither habe er – wie auch manche seiner Freunde – jede Hoffnung auf Besserung aufgegeben und sei dem Alkohol verfallen. Er habe jegliche Kommunikation mit der Umwelt abgebrochen. Er sei nicht nur physisch krank geworden, sondern psychisch zerstört, unverschuldet verstrickt in die tödliche Katastrophe des Daseins – leidend in einer nur scheinbar selbstgewählten Einsamkeit.“*

Das Beispiel mag belegen, wie schwer es ist, den Lebenshintergrund der Menschen zu erhellen, um mit ihnen ihre Zukunft neu zu gestalten, mit betroffenen Menschen, die jede dieser Nachfragen abwehrend, verleugnend ignorieren müssen, um das einzige, was ihnen nach der Katastrophe blieb, nicht auch noch preiszugeben, *„ihre ihnen anerzogene politisch geprägte Identität“*. Es klingt paradox, aber gerade im Verleugnen und Verweigern dieser Aufgabe haben diese Menschen aus ihrer Lerngeschichte heraus die einzige Chance, ihre Identität zu wahren. Es mag darum nicht erstaunen, wenn einer der Interviewten die permanent erschwerten Ausreisebedingungen der Tschernobyl-Kinder aus jener – wie er meinte – berechtigten Angst der Regierung erklärte: es könne in nicht allzu naher Zeit tatsächlich *„Die Revolution der Kinder von Tschernobyl“* stattfinden.

6. Zusammenleben im Holzhaus – Forschungsansatz alternativ

„Tisch und Ofenbett geteilt"

Aufgrund dieser Erfahrungen startete ich einen zweiten Untersuchungsansatz im Frühjahr 1993 mit dem Ziel, den alten pädagogischen Grundsatz PESTALOZZIS umzusetzen, nämlich die betroffenen Menschen vor Ort aufzusuchen. Für mich hieß dies, zu den betroffenen Menschen rund um Tschernobyl in ihren verlassenen, verstrahlten oder nur teil-verstrahlten Dörfern bzw. Holzhäusern zu gehen, mit ihnen zu essen, zu trinken und auf Zeit zusammenzuleben. Um etwas über den tatsächlichen Lebenshintergrund der betroffenen Menschen zu erfahren, mußte ich ihr Vertrauen gewinnen. **Drei Schritte** sollten mir dabei helfen:

1. Die Familien sollten vorab durch eine Person ihres Vertrauens über meinen Besuch informiert werden; der Vermittler war der Koordinator der Austauschreisen KINDER AUS TSCHERNOBYL NACH DEUTSCHLAND .
2. Das Vertrauen der Familien sollte durch mindestens eine Schlüsselperson des Dorfes verstärkt werden. In dieser Funktion konnten glücklicherweise die Lehrerin des Dorfes bzw. ein langjährig vertrauter Arzt tätig werden, die zudem noch in der Lage waren, zwischen Deutsch und Russisch mit Unterstützung der schon erwähnten Dolmetscher zu übersetzen. Außerdem kannten sie sowohl die Kinder als auch ihre Eltern aus jahrelanger Tradition – teilweise lebten diese Menschen bereits zwanzig Jahre in demselben Dorf zusammen.

3. Ein Vertrauensbonus sollte mir auch aus der Tatsache erwachsen, daß das Interview mit Familien der Tschernobyl-Kinder grundsätzlich in Anwesenheit der Gastfamilien aus Deutschland durchgeführt wurde, bei dem ja ihre Kinder in dem vierwöchigen Aufenthalt so viel Zuwendung erfahren hatten. Damit war zugleich die Chance gegeben, daß die Gastfamilien aus Deutschland für eine begrenzte Zeit in den von ihnen besuchten Familien über einen eigenen Dolmetscher verfügten und die Befragung nicht selten Anlaß für ein erstmalig geführtes Gespräch über diese Problematik wurde.

Das wichtigste war, Tisch und Ofenbett im Holzhaus zu teilen, um die Strukturen aufzubrechen, die Zungen zu lösen und Antworten auf unsere wichtigste Frage zu erhalten: *Was können wir gemeinsam zur Verbesserung der Lebenssituation der Menschen von Tschernobyl beitragen?*

Dabei erwies sich als besonders wichtig, daß ich nicht als ehrfurchtgebietende Respektperson vor meinem Gegenüber stand. Ich lernte schnell, unter dem Vorwand des Frierens einen Liegeplatz auf der Ofenbank zu erbetteln. Das war der entscheidende Rollentausch.

So begleitete ich im Frühjahr 1993 und 1994 während der Osterferien die Gasteltern, die „ihre" Kinder und deren Herkunftsfamilien in Weißrußland besuchten. Die Gastelterngruppe bestand beim ersten Besuch aus 34 Personen, beim zweiten aus 27. Hiermit verschaffte ich mir die Chance, in 51 Familien vor Ort Antwort auf meine Fragen zu finden. Parallel dazu fanden Untersuchungen in anderen Herkunftsfamilien aus Weißrußland und der Ukraine durch lokale Interviewer statt.

Ein Wort von SAINT-EXUPÉRY sagt, was uns durch diese Besuche neu bewußt wurde: *Du bist verantwortlich für das, was Du dir vertraut gemacht hast ...!*

Um einen Eindruck zu geben, unter welchen Bedingungen die Ergebnisse dieser Interviews erhoben wurden, will ich kurz skizzieren, was ich – wir – tagtäglich erlebten.

Nach zweistündiger Verspätung der Aeroflot-Maschine nach Minsk erreichten wir spätabends mit allen Gasteltern unser Hotel. Ich persönlich fuhr sofort mit einem Wagen und abenteuerlich erstandenem Benzin zu einer der Herkunftsfamilien in einer der Hochhaus-Wohnungen bei Minsk, die in einem der Beton-Silos am Stadtrand weitab von jeglicher westlichen Wohnkultur in ihrer „kleinen" 36 m2 großen Wohnung – nach weißrussischen Verhältnissen – „privilegiert" lebt. Der Frau war nach zehnjähriger Mitarbeit in einer Firma und aufgrund einer Tuberkuloseerkrankung das Recht auf eine eigene Wohnung ohne Zusammenleben mit Großeltern und Schwiegereltern zugesprochen worden. Spätabends kehrte ich ins Hotel zurück und wurde mit folgenden Eindrücken konfrontiert: Der Sanitärbereich ist außer Funktion, ebenfalls das Fernsehen und das Licht. Von außen dringt der Smog der Straße ein, im inneren der unvermeidliche Karbol-Geruch. Zur Beseitigung der Mängel erscheint eine Babuschka in Pantoffeln mit verschlissenem Kittel und Kopftuch – ihre Artikulation mit Händen und Füßen, aber am Ende das Ergebnis: *Njet – Nein, ich kann nichts machen, vielleicht morgen.* Das privilegierte Hotelfrühstück mit Weißkrautsalat, dem Kessel voll zuckersüßem Tee, Weißbrot, etwas Marmelade und – wenn es hoch kommt – einer Scheibe Käse ... In aller Frühe brechen wir auf: jeweils in die Dörfer, Belynitschi, Mogilow, Gomel u.a., auf Straßen, in Berg- und Talfahrten, die dem Fahrer die Kunst des Geländefahrens abfordern. Voller Erstaunen darüber, daß die Wagenachse nicht bricht, die Schlaglöcher doch noch überwunden, umgangen oder im tiefsten Wasser durchfahren werden können, erreichen wir das erste Dorf.

Es erwies sich sehr bald, daß das Auto kaum geeignet war, um in die entlegenen Dörfer zu gelangen. Angesichts der Wasserfluten hätten wir eher ein Boot gebraucht, um in die alten belarussischen Holzhäuser zu gelangen, die leider keine Pfahlbauten darstellten, sondern oft mit schon nassen Böden auf uns warteten. Es ist unmöglich, alles zu beschreiben und zu erzählen. Ich will es auf wesentliche Merkmale beschränken.

Es ist kein Geheimnis, daß die weißrussische Gastfreundschaft uns überwältigt hat. Es ist unmöglich, in jeder Familie den Anspruch zu befriedigen, im Erleben der Gastfreundschaft neben Herz und Seele auch den Magen zu öffnen. Mehrfach habe ich mir mehr oder weniger heimlich die Gewißheit verschafft, daß *alles*, was die Familie zu bieten hatte, bereits auf dem Tisch stand. Ging ich unter einem Vorwand in die Küche, wagte ich es, den Schrank oder den Eisschrank zu öffnen, so fand ich darin außer einem winzigen Stück Speck, einer Tüte alten Brotes, einem kleinen Weißkohl und dem landläufig bekannten Glas mit eingelegten roten Tomaten oder grünen Gurken *nichts* an Vorräten. Für uns aber hatte man die Keller, d.h. den unter dem Fußboden des Holzhauses befindlichen offenen Sandplatz, der gegenwärtig zur Hälfte unter Wasser stand und in dem fünf bis zehn Weckgläser mit gesammelten Beeren oder gesammelten Pilzen – mehr oder weniger verstrahlt – auf uns warteten, „geplündert“: Alles, aber auch alles hatte man uns aufgetischt.

Um das zu verdeutlichen, will ich nur *eine einzige Familie* herausgreifen. Sie teilte mit uns Tisch, Bett, Wodka und das letzte Brot. Zu unserem Empfang war die gesamte Großfamilie zusammengekommen: ca. 20 Personen – Kinder, Eltern, Großeltern. Hinzu kamen wir als Gäste. Es bewahrheitete sich erneut, Raum ist in der kleinsten Hütte. Der alte russische Ofen, der eine wunderbare Bettbank, einen Aufbewahrungsbehälter für das Schweinefutter und zugleich für das Wasser im Samowar bietet, erwärmte die Stube. Als wir uns zum Essen setzten, brachen fast die

Tische. Es wurde gesungen, getanzt. Das Mädchen holte mir die alte Schulchronik. Sie führte mich auf russisch in das Werk ihres Dorfschullehrers – gleichzeitig auch Schriftsteller – ein, und wie üblich erlernten wir wechselseitig Lieder, Tänze, Verse. Alle erschienen im Festgewand. Als ich um halb drei nachts darum bat, mich hinlegen zu dürfen, erschien es fast unhöflich. Dann waren es die Nachbarn, die weiße Tücher brachten, um ein Bett zu beziehen. Als ich mich weiter umsah, begriff ich, daß mein Badezimmer in dieser Nacht die weite Schneewüste vor dem Haus unterm Sternenhimmel war. Selten habe ich so intensiv begriffen, was Soldaten im Krieg erleben mußten, als sie in der Einsamkeit weißrussischer Nächte, fernab von jedem Menschen, allein gelassen waren. Als ich in die Einsamkeit hineinlauschte und nach einer halben Stunde immer noch nicht zurückgekehrt war, wurde ich von der Familie gesucht. Danach wurden alle Kinder und Eltern in einem großen Umzug zum nächsten Haus begleitet und legten sich dort auf den Boden zum Schlafen.

Allein kehrte ich dann durch die Nacht wandernd zurück, um gemeinsam mit einem deutschen Gastelternpaar in den uns überlassenen Betten in einen Wodkatraum einzutauchen. Als ich um vier Uhr morgens erneut in die Schneelandschaft hinausgehen mußte, um mich meines Wodkas zu entledigen, stolperte ich auf dem Flur über den Lehrer. Voll angekleidet lag er auf dem Boden vor meiner Tür; das war sein Bett. Als ich über ihn hinwegsteigend die Küche erreichte, traute ich meinen Augen nicht. Ich hatte das Gefühl, in einem großen chemischen Labor zu sein: In unglaublicher Geschäftigkeit arbeiteten dort zwei Frauen, Ehefrau und die Schwägerin, um unser Gastmahl mit aufwendigen Vorbereitungen für den bereits angebrochenen heutigen Tag anzurichten. Sie hatten ihre guten Kleider abgelegt. Kopftücher oder Kochmützen verbargen ihre Haare. An den Füßen waren nur Tücher. Die Kleider bestanden aus zusammengehefteten Lappen. Auf dem Herd brodelte das Wasser. In einem riesigen Waschtopf war eine Destillationsanlage zur Wodkaproduktion in Gang gesetzt worden. Durch ein Verbindungsrohr glitt das Wasser vom Herd herab in den Waschtrog auf einen Hocker. Auf einem kleinen Küchentisch bereitete die Babuschka eine russische Spezialität, kleine schmalzgebackene Kugeln, „Suschka" genannt. Ich erinnerte mich nun, daß sie nach dem Wegbringen der Kinder von Nachbarn Eier, Käse und Frischkäse eingesammelt und mit nach Hause genommen hatten. Aus diesen zusammengebettelten Zutaten bereitete sie uns – den Gästen – diese Köstlichkeiten. Der Eisschrank, ich hatte es schon erwähnt, enthielt nicht mehr als das kleine Stück Speck, der Schrank Brot und Kohl. Die Frauen bedeuteten mir, schnellstens nach drinnen zu gehen und mich wieder Schlafen zu legen. Als ich morgens um halb acht aufstand, war die Küche wie vom Spuk befreit. Die Frauen kämmten ihre langen Haare, knoteten sie, schmückten sie mit Spangen und kleideten sich wieder an mit ihren Sonntagsgewändern. Im Ofen brodelte das Schweinefutter. Der Samowar wurde in Gang gesetzt, und wir – die Gäste – wurden mit „Suschka" verwöhnt.

Um neun Uhr starteten wir dann zur nächsten Familie. Immer war es das gleiche: der Tisch brach unter tausend Schüsselchen von Speisen. Die Kinder waren festlich ausstaffiert. Voller Stolz wurden auf dem Land die Tiere im Stall gezeigt oder aber im städtischen Bereich die technischen Hilfsgeräte. Keine Mahlzeit, vom Frühstück bis zum Abend, fand ohne Wodka, ohne Gesang statt und – man glaubt es kaum – in einem Fall sogar mit einem Gebet. Grundsätzlich aber war auffällig, daß die Kinder ausnahmslos gehorchten: Es galten die ungeschriebenen Regeln des bedingungslosen Sich-Unterordnens und des schweigenden Sich-Fügens.

Gasteltern bei ihrem Waisenkind

Unsere nächste Station war das Waisenhaus. Auch aus ihm kommen Kinder nach Deutschland. Als ich durch das Wasser wate – im Grunde hätten wir ein Boot gebraucht – stehen vor uns die Betonklötze – Zementzellen … und wie ich meinen Blick erhebe, entdecke ich über 200 Kinderaugenpaare wie im Nebellicht, dicht gedrängt hinter den Fensterscheiben, uns erwartend. Seltsam, ich stehe still und bin erschrocken, denn die Kinder winken nicht, stehen stramm, als sollte eine Parade abgenommen werden, Hände an der Hosennaht, eins neben dem andern, schweigend, fast wie Marionetten. So jedenfalls stellte sich für mich das Bild dar. Ich lasse alles fallen – Spielzeug, Stofftiere, Malsets und Interview-Ausstattung –, stelle mich in den Hof dieses Waisenhauses, nehme meine beiden Arme und winke – zunächst keine Reaktion. Ich lache, winke und werfe symbolisch Kußhände nach oben, und wie als würden sie langsam aus dem Eis der weißrussischen Einsamkeit oder der unfreiwillig erlernten Apathie erwachen – es schneite währenddessen –, strecken sie plötzlich ihre Hände empor. Sie winken, fangen an zu lachen und klatschen schließlich zaghaft in die Hände. Mir folgt die Gruppe der 37 Gasteltern. Wir treten in das Haus ein, erziehende Gehilfinnen in der üblichen Kleidung mit Pantoffeln, Kittel, Kopftuch empfangen uns. Die Direktorin – völlig anders – stark geschminkt, frisiert und korrekt im blauen Kostüm mit weißer Bluse; der Direktor im Nadelstreifen-Anzug.

Es scheint nicht möglich, ohne Begleitung zu gehen. Durch die langen Flure kommen wir in die Säle. Wir werden plaziert im Raum des Direktors, ein Empfangszimmer im „Gelsenkirchener Barock“ – für dortige Verhältnisse geradezu ein Prunksaal. Unter dem Vorwand, eine Toilette zu suchen, stehle ich mich heraus. Alles ist Karbol-gesäubert, blitzblank, endlos lange Flure ohne Bilder, ohne Pflanzen, und schließlich entdecke ich Säle, große Säle, die menschenleer sind. Nirgendwo ein Spielzeug, ein Bild, einfach gar nichts, alles steril, funktionsgerecht. Ich gehe die Flure entlang, suche die Kinder. Ich versuche zu lauschen, wo Kinderstimmen zu hören sind. Alles ist tot. Schließlich finde ich sie in der sogenannten Aula. Als ich die Tür öffne, sind sie für einen Blitzstrahl erschrocken, dann wiederholen sie zaghaft ihr Winken. Es war also die Aula, deren Fenster ich von unten entdeckt und die ich nun endlich gefunden hatte. Achtzig der 360 Kinder waren hier versammelt, um für uns ein Kulturprogramm darzubieten. Äußerst diszipliniert, wie gedrahtet standen sie da in ihren selbstgeschneiderten Musikeranzügen aus blauem Tuch mit goldenen Kordeln, die Mädchen mit lila Röcken und Blusen, ebenfalls ein Produkt der Nähstube, blitzsaubere Fingernägel, gekämmte Haare mit großen Propellerschleifen darin, Bilder von aufgeputzten Kindern, wie wir sie von alten Photographien aus dem ausgehenden 19. Jahrhundert kennen. Sie standen, sie warteten, sie wagten zu lächeln. Ich entdecke einen Erzieher. Ich spreche ihn an, aber weder englisch noch deutsch kann eine Brücke bauen. Da bleibt mir nichts anderes, als mit Händen und Füßen davon zu erzählen, daß ich auch gern musiziere, ihre Trompete ausprobieren möchte, und nachdem wir diese Austauschprogramme miteinander durchgeführt haben, probiere ich alle Instrumente einmal aus. Schließlich fange ich an, ein deutsches Lied zu singen und versuche, es den Kindern beizubringen. Das Eis ist gebrochen; wir lachen, amüsieren uns, haben Spaß miteinander. Irgendwann macht mich der Erzieher darauf aufmerksam, daß ich zum Essen erwartet werde und – ohne Widerspruch – unbedingt zum Essen gehen müsse. So werde ich herauskomplimentiert, zurück über endlos lange Flure, mäuschenstill, fast wie im Totenhaus. Später entdecke ich, es ist Mittagszeit, und alle Kinder haben für die Erholungspause zwei Stunden ins Bett zu gehen und gemeinsam im Schlafsaal Mittagsruhe zu halten.

So gestaltete sich der weitere Ablauf: Der Speisesaal, in dem ich schon vermißt worden war, spiegelte weißrussische Gastfreundlichkeit wider. Die langen Tische bogen sich unter den Hunderten von kleinen Schüsselchen, in denen die Herrlichkeiten für uns präsentiert wurden – fettes Fleisch, fette Wurst in kleinen Scheiben – gefächert auf Tellern liegend, selbsteingelegte Gurken, Tomaten, Zwiebeln, Bohnen, nicht zu vergessen der weiße Krautsalat und erstmalig Teller mit Rote Beete, im Glaspokal die kostbaren selbstgeernteten Äpfel, und große Teller selbstgebackenen Brotes, Kuchen, Plätzchen. Das alles aber war nur das Vorgericht. Nun begann die Prozession der Lehrer, mit der sie uns ein Gericht mit vier Gängen servierten, von der Kohlsuppe über den Kartoffelbrei mit Soße und Fleisch bis zum Nachtisch und Kaffee. Nur die tiefrot gefärbten Hände verrieten, daß alle diese Lehrer wohl die letzte Nacht damit zugebracht hatten, eine Unmenge von Rote Beete für uns zu schälen, zu schneiden und dieses Essen vorzubereiten. Es ist kein Wunder, daß jedem von uns der Bissen im Mund steckenblieb, wenn wir an die 360 Kinder dachten, für die diese Herrlichkeiten wohl immer ein Traum bleiben würden. Auf unser Drängen erschien die Köchin selbst, auch wieder mit hohem Kochturban, Pantoffeln und weißem Kittel. Wir hatten Mühe, ihr klarzumachen, welch eine Kostbarkeit weißrussische Gastfreundschaft uns bedeutet, bei der der Kartoffelbrei z.B. nicht aus der Tüte stammt, sondern wie in uralten Zeiten handgemacht ist. Von der Verstrahlung der Kartoffeln erwähnten wir kein Wort. Aber bezugnehmend auf das Wiedererwachen der russischen Kirche wagte ich es, die weißrussische Gastfreundschaft wieder vor dem traditionellen christlichen Hintergrund zu erleben, im Sinne des Wortes: *Das ist aller Gastfreundschaft tiefster Sinn, daß einer dem anderen*

Heimat gebe auf dem Weg nach dem ewigen Zuhause. Daß diese Gastfreundschaft auch durch die *bedienende* Haltung der Lehrer unterstrichen wurde, nahmen wir wahr und dankten dafür. Nicht zuletzt wagten wir einen Aufbruch zu einer kleinen Revolution, indem wir eingestanden, daß es uns viel lieber gewesen wäre, hätten wir unseren Platz einem dieser Kinder geben dürfen, damit sie einmal Gäste der eigenen Gastfreundschaft hätten werden können, und wir – westlich übersättigt – mit ihnen ihre Freude hätten teilen dürfen. Aber das wäre schon ein Stück Kulturrevolution und wurde mit einem schweigenden Lächeln beantwortet.

Im Anschluß an dieses Festmahl gingen wir zu jenen Kindern in die Aula, die mehr als zweieinhalb Stunden – aus deutscher Perspektive kaum vorstellbar – während der Essenszeremonie geduldig auf uns gewartet hatten, um nun das Kulturprogramm vorzuführen. Ich gestehe, daß es mir als Kinderpädagogin außerordentlich schwerfiel, in den Darbietungen, in dem Verhalten, in der Solidarität der Kinder untereinander zu entdecken, daß diese Kinder alle behindert sein sollten. Gedachte ich des Einstudierens meines deutschen Kanons zu Beginn dieses Nachmittags, konnte ich nicht feststellen, daß es sich hier um lern- oder verhaltensgestörte Kinder handeln sollte. Andere Experten unserer Gruppe hatten die gleiche Wahrnehmung. Vielmehr legte sich auf uns etwas von dem Schatten der Traurigkeit, Hoffnungslosigkeit, Apathie und Einsamkeit, der aus den Augen dieser Kinder zu uns sprach. Das Programm war musikalisch meisterhaft und durchzog mehrere Etappen der Kulturgeschichte, indem sie mit Volksliedern begannen, zu geistlichen Liedern übergingen und schließlich beim modernen Rock endeten. Es war erstaunlich, welch überraschende Eigenständigkeit, Phantasie die Kinder in dem Augenblick entwickelten, da sie, mutterseelenallein auf sich gestellt, ihre Darbietung vor dem Mikrophon gestalteten. Daß daneben die Wiedersehensfreude zwischen den weißrussischen Waisenkindern und ihren deutschen Pateneltern ein bewegendes Bekenntnis für die Tiefe der gegenseitigen Beziehung und für die Lebendigkeit der Ost-West-Achse war, sei nur am Rande erwähnt.

Nach diesen Erlebnissen wurde den Gasteltern deutlich, wie wichtig es ist, eine psychosoziale Konzeption zu entwickeln. Sie stellten sich folgende Fragen:

- *„Sollen wir, dürfen wir Gastkinder aus Waisenhäusern einladen? Schaffen wir dadurch nicht noch mehr Trauer, indem wir dem Waisenkind zum einen das Erlebnis der Familie, zum anderen die Erfahrung eines Auslandsaufenthaltes vermitteln. Werden diese Kinder hierdurch nicht mit zwei Extremsituationen konfrontiert, die möglicherweise zum sogenannten doppelten Kulturschock – nach wiederholter Aussage der Regierung – führen könnten?"*

- *„Schaffen wir nicht neue Ungleichheit, indem wir von nur einem Waisenhaus – in dieser Region gab es insgesamt vier jeweils mit durchschnittlich 400 Kindern besetzt – insgesamt nur das Schicksal eines, zweier oder gar dreier Kinder herausnehmen und ihm bzw. ihnen eine Chance eröffnen?"*

Daraus resultierten dann weitergehende, selbst-reflektierende Fragen nach den Motiven des eigenen Engagements:

- *„Ist es wirklich unsere Angst um das erneute Verlassenwerden des Waisenkindes, das angeblich damit nicht fertig werden könnte? Ist es nicht vielmehr unsere eigene Trauer, das Kind wieder loslassen zu müssen?"*

- *„Ist es nicht unsere eigene Angst, durch die Anwesenheit des Kindes damit konfrontiert zu werden, daß in Rußland Zehntausende von Kindern – ebenso wie in Deutsch-*

land – auf die Chance einer Begegnung in partnerschaftlicher Beziehung inmitten einer Familie warten?"

Ergänzend zu diesen Erfahrungen im Waisenhaus möchte ich aus Besuchen anderer Waisenhäuser, Behindertenheime, Rehabilitationsstätten u.a. festhalten, daß eines der Hauptprobleme ihr Schattendasein ist. Sie fallen aus fast allen Hilfs-Programmen heraus. Wenn ihre desolate Lage erst einmal bekannt wird, werden sie mit Medikamenten und Nahrungsmitteln, manchmal auch mit Sachen aus Alt-Kleidersammelaktionen versorgt. Was aber am meisten fehlt, ist das Spielzeug, die Paten und darüber hinaus die Hoffnung auf sogenannte lebendige Ost-West-Achsen. Das Kostbarste für diese Einrichtungen ist der Besuch von Menschen, die bereit sind, nicht nur als Eintagsfliegen, sondern möglicherweise kontinuierlich Briefkontakte, Patenschaften, Besuchsprogramme anzubahnen – Besuche, die in der scheinbar ausweglosen Hoffnungslosigkeit jene Erfahrung gegenwärtig werden lassen, für die es sich dennoch lohnt zu leben und sich zu engagieren. Nicht selten hatte ich Erlebnisse wie diese, daß die Kinder spontan sagten:

- *Jetzt fange ich an, eine Fremdsprache zu lernen; ich will euch besuchen!*

- *Jetzt fange ich an, dir von mir zu erzählen; ich schicke dir jeden Monat meine Bilder, damit du weißt, was ich mache!*

- *Ich möchte wissen, wie du lebst, was du arbeitest!*

Bei vielen Besuchen in sozialen Einrichtungen und Familien wurden den Kindern neben Spielzeug auch gezielt eine deutsche Briefmarke und eine Münze übergeben. Es entstand in diesen Kindern eine Neugier, ein Lernwunsch, eine

Lernbereitschaft, mehr zu erfahren. Damit entwickelt sich ihre neue Fähigkeit zur Eigeninitiative, was Ergebnisse meiner Gespräche und Befragungen bestätigten. Die gute Laune und verbesserte Stimmung der Kinder nach dem Aufenthalt in Deutschland überträgt sich oftmals auf die ganze Familie.

Besonders **zwei Erlebnisse** geben mir sehr zu denken. Als ich bei einem meiner Besuche tausend Luftballons auf diese Einrichtungen verteilte und es „wagte", auch an die Betten der Schwerbehinderten zu gehen, die zum großen Teil in einem Saal mit fünfzig Betten, angebunden an die Pfosten der Gitterstäbe, lagen, wollte man mir den Zutritt verwehren. Ich blies die Luftballons einfach auf, befestigte sie mit einem Band an dem Gitterbett und bat die Begleiterin, gleiches zu tun. Nie werde ich diesen Eindruck des Aufwachens zur Freude vergessen, den diese blitzsauber gewaschenen Kinder aus ihren traurigen Augen aufleuchten ließen.

Auch jene Szene werde ich nicht vergessen, als der russisch-orthodoxe Priester mich zu einem Behindertenheim begleitete, um selbstgebackenes Osterbrot zu bringen. Das Brot war nicht größer als meine Hand; aber für Außenstehende kaum nachvollziehbar, gelang es allen geistigbehinderten Kindern, dieses Brot miteinander zu teilen und singend zu essen. Sie umringten diesen Pater Igor, wiesen ständig auf das kleine Kreuz, das sie am Hals trugen, während sie voller Besitzerstolz ihren Namen nannten: *Ich bin getauft – Ich bin Natascha – Ich bin Igor – Ich bin Swetja.* Während sie das alles taten, erzählte mir der Priester, daß es erst in den letzten Jahren wieder möglich geworden ist, überhaupt kirchlicherseits diese Einrichtungen aufzusuchen. Auch sei man noch nicht in der Lage, Besucherkreise aufzubauen. Als wir dann wieder in unser Auto einstiegen, wurden wir von einem weinend klagenden Kind verfolgt, das uns meldete, ihm sei sein Luftballon von der Erzieherin weggenommen worden, nun hätte es keinen mehr. Die Reaktion des Priesters: *„Frau Schuchardt, was sollen wir tun? Wenn wir hineingehen und es anmahnen, verliere ich den Zutritt zu diesem Hause“.* Für das Kind haben wir materiell eine Ersatzlösung gefunden, für die pädagogische Situation haben wir das verlogene Schweigen mitgespielt. Was hätte es für das Kind bedeutet, wäre durch unser exemplarisches Verhalten eine Umkehr des Denkens möglich geworden.

Mir hat es gezeigt, wie lang der Weg ist, eine Revolution von innen anzubahnen, wenn man Menschen nicht brutal vor den Kopf stoßen will und ihnen gegenwärtig eine Alternative des Umlernens kaum ermöglichen kann.

Gebt die Angel, nicht nur den Fisch

Um die Menschen nicht vor den Kopf zu stoßen und sie zur Eigeninitiative zu ermutigen kann humanitäre Hilfe, die den betroffenen Menschen Güter des täglichen Bedarfs zur Verfügung stellt, immer nur eine erste Maßnahme sein. Für eine Revolution von innen ist die langfristiges Stärkung eigenverantwortlichen Denkens unabdingbar. Die von einer deutschen Initiative entwickelte Drei-Schritt-Konzeption, die nach dem Prinzip, *Gib mir die Angel, nicht nur den Fisch*, vorgeht, hat sich die Stärkung der Eigeninitiative zum Ziel gesetzt und stellt ein tragfähiges und sehr vielversprechendes Modell deutsch-weißrussischer Partnerschaft dar.

In einem *ersten Schritt* wurde das Waisenhaus zunächst mit humanitär-materieller Hilfe ausgestattet – mit Nahrungsmitteln, medizinischer Versorgung, Kleidung und Spielzeug. In einem *zweiten Schritt* wurde die Hilfe zur Selbsthilfe dadurch initiiert, daß durch die Lieferung von Nähmaschinen und dem entsprechenden Zubehör für eine

Schneiderwerkstatt im Waisenhaus Arbeitsplätze und Berufsausbildungsplätze für Jugendliche eingerichtet werden konnten. Die Ergebnisse der ersten Arbeiten vermochten wir an der Kleidung der kleinen Künstler im Chor, Orchester und Schauspiel zu erleben. Der *dritte Schritt* ist nun die Entwicklung eines marktorientierten Verhaltens, indem ein langfristiger Austausch zwischen Ost und West derart gestaltet wird, daß alle Kleider-, Schuh-, Leder- und Spielzeugsammlungen aus Deutschland direkt in dieses Waisenhaus gehen, und dort mit Hilfe der Kinderkontakte neue Arbeitsplätze für die Menschen im Dorf eingerichtet werden können, an denen sie durch Aufarbeitung der angelieferten Materialien die Ware für einen *Second-Hand-Shop* herstellen. In einer eigens dafür angemieteten Halle wird dann die so aufbereitete Ware für den freien Verkauf angeboten. Das Konzept hat **vier Vorteile:**

1. Die betroffenen Menschen bekommen nicht den Fisch, sondern die Angel; sie können sich einen eigenen Markt aufbauen.
2. Sie verlieren die Dankbarkeitshaltung. Sie gewinnen Selbständigkeit. Sie erlangen mehr finanzielle Unabhängigkeit. Auch können sie von ihren eigenen Rubeln einen Gegenstand im *Second-Hand*-Laden nach eigener Wahl erwerben.
3. Sie haben das Erfolgs- und Glückserlebnis der Auswahl zwischen unterschiedlichen Dingen. Sie empfinden Anreiz und können diesen entsprechend verwirklichen, indem sie nämlich begehrte Konsumgüter billig und *nach selbstentschiedenem Sparprogramm sich selbst kaufen.*
4. Die Menschen sind nicht mehr ausschließlich dem Schwarzmarkt ausgeliefert.

Dieses Drei-Schritt-Konzept von humanitärer Hilfe zur Selbsthilfe und zur sozialen Marktwirtschaft soll auch in anderen Bereichen angewandt werden.

7. Ergebnisse der qualitativen Interviews (über 150) in Ost und West

Ich habe diese detaillierte Situationsbeschreibung gegeben, um deutlich zu machen, wie nötig es war, Tisch und Bett im Holzhaus zu teilen, um die Strukturen aufzubrechen und die Zungen zu lösen. Nur so lassen sich Antworten auf die Frage gewinnen, was wir zur Verbesserung der Lebenssituation der Menschen von Tschernobyl beitragen können.

Es ist bereits darauf hingewiesen worden, daß die Ergebnisse dieser Studie nicht allein auf den vielen Gesprächen basieren, die ich mit den Kindern aus Tschernobyl, ihren Eltern, den deutschen Gasteltern, Gastgeschwistern und Politikern führen konnte. Die Antworten, die ich in diesen Gesprächen erhalten habe, führen uns anschaulicher die oft verborgene oder gar verschüttete Seele der betroffenen Menschen vor Augen, als es Zahlen und Fakten darzustellen vermögen. Die Empfehlungen zur Krisenverarbeitung bedürfen aber doch einer breiteren Basis. Die qualitativen Befragungen wurden daher zum einen durch Zeichentests ergänzt, mit denen die Sprachbarrieren der Kinder überwunden werden sollten. Zum anderen wurden quantitative Erhebungen durchgeführt, bei denen den Kindern, Eltern, Gasteltern und Gastgeschwistern systematisierte Fragebögen vorgelegt wurden. Teilweise sind die Ergebnisse dieser Erhebung bereits in den darstellenden Teil meiner Studie eingeflossen. Um anderen Initiativen die Möglichkeit zu geben, ähnliche Untersuchungen durchzuführen, sind die Fragebögen im Anhang dieses Buches beigefügt.

Obwohl sich Überschneidungen nicht vermeiden lassen,

erschien es mir doch wichtig, die Ergebnisse der qualitativen und quantitativen Untersuchung noch einmal geschlossen vorzustellen. Dabei wird deutlich, daß auch die quantitative Erhebung nicht nur nüchternes Faktenmaterial bietet, sondern die Stimmen der Betroffenen orchestriert.

Die *qualitativen* Interviews – insgesamt 153 – wurden mit jeweils 51 Betroffenen durchgeführt:

- mit 51 belarussischen Kindern,
- mit 51 Gastfamilien in Deutschland,
- mit 51 Herkunftsfamilien in Weißrußland und der Ukraine.

Gespräche mit den Kindern in Tschernobyl

Fasse ich nur die Ergebnisse meiner Gespräche in Weißrußland und der Ukraine mit Kindern von Tschernobyl zusammen, werden **vier** Punkte eindeutig sichtbar:

1. Die Geborgenheit der Kinder scheint zu einem großen Teil in der großelterlichen Familie, nicht selten mit der Datscha verbunden, zu liegen. Angesichts der Doppel-Berufstätigkeit der Eltern, die zum Bestreiten des Lebensunterhalts erforderlich ist, ist es nicht selten die Person der Großmutter, die sich dem Kind wirklich zuwenden kann.
2. Religiöse Erfahrungen werden lediglich mit der Großmutter verbunden und mit dem geheimnisvollen, fast „verbrecherischen" Akt einer Taufe, von deren Existenz der Arbeitgeber und die Nachbarn nichts wissen durften, bis hin zu Aussagen: *„Meine Tochter hat mich oft erpreßt; wenn du nicht tust, was ich will, dann gehe ich hin, Mama, und verrate dich und sage, daß ihr mich getauft habt bei der Großmutter."* Religiöses Leben wird daher ausschließlich mit der Großmutter und der

Datscha verbunden. Wahrscheinlich liegt darin die Erklärung dafür, daß 75 Prozent der Kinder das Haus der Großeltern malten und nicht das eigene Elternhaus bzw. die eigene Wohnung. Kann es sein, daß sie dort die Geborgenheit der Seele fanden, im Elternhaus jedoch aus elterlicher Sorge vor unbedachten negativen Äußerungen über die politischen Verhältnisse etwa zu hören bekamen: *Schwatz' nicht über solche Sachen!*

3. Die Frage, ob sie während des Deutschlandbesuches einen „*Kulturschock*" erlitten hätten, der eine depressive Verstimmung, eine Apathie oder eine seelische Erkrankung bei den Kindern hervorgerufen haben könnte, wurde allgemein entschieden verneint. In zwei Fällen wurde eine intensive Trauerarbeit zugegeben, die mit dem Abschied aus Deutschland begonnen habe und die – entsprechend den Erkenntnissen über die Verhaltensweisen trauernder Menschen – in einem Drei-Tage- und Drei-Nächte-Trauern bzw. -Klagen ihren Niederschlag fand. Die Tatsache aber, daß in beiden Fällen die Trauer ausgelebt werden konnte, um sie zu verarbeiten und neue Impulse aus ihr wachsen zu lassen, unterstreicht ihre konstruktiv positive Wirkung als Lebens- und Lernchance.
4. Neben der Nachfrage nach dem „*Kulturschock*" stellte sich die Frage der Wiedereingliederung in die russische Gesellschaft nach der Rückkehr. Bemerkenswerterweise hat keines der Kinder den Wunsch geäußert, in Deutschland bleiben zu wollen – mit einer einzigen Ausnahme, der eines Waisenkindes. Im Gegenteil, alle 51 Kinder betonten nachdrücklich, daß sie unbedingt nach Hause zurückkehren wollten, um mit ihren Eltern zusammen zu leben und gemeinsam eine neue Zukunft aufzubauen. Gleichzeitig ist es kein Widerspruch, wenn sie übereinstimmend ihre Hoffnung artikulierten, immer wieder nach Deutschland zurückkehren zu dürfen, um

weiter zu beobachten und zu lernen, wie die Deutschen das alles machen, verbunden mit dem eindeutig erklärten Ziel, davon das Beste zu Hause dann auch selbst zu verwirklichen.

Gespräche mit den Gasteltern in Deutschland

Versuche ich, die Ergebnisse zahlreicher Gespräche und Befragungen mit jenen 51 Gasteltern aus Deutschland, die ich auf ihrem Reiseweg zum ersten Besuch in weißrussische Herkunftsfamilien begleitete, zusammenzufassen, so lassen sich weitere **drei markante Ergebnisse** festhalten:

1. Die Motivation der Familien zur Aufnahme eines Kindes war nicht langfristig geplant. Es war keine innengeleitete Motivation, z.B. Wiedergutmachung deutscher Vergangenheit, sondern ergab sich eher kurzfristig und spontan als Reaktion auf vielfältige Medienaufrufe wie durch Zeitung, Rundfunk, Plakate und nicht zuletzt auf persönliche Ansprache.
2. Das Echo zahlloser Gasteltern-Reisen nach Weißrußland dokumentiert, daß in allen Familien mehrheitlich die Ein-Bahn-Straße der humanitären Hilfe mit West-Ost-Richtung durchbrochen wurde durch den Gegenbesuch im Herkunftsland zugunsten einer Doppel-Bahn-Straße wechselseitiger Begegnung. Oftmals vollzog sich dieser Prozeß bereits schon vor dem zweiten Deutschlandbesuch der Kinder.

   Die Gasteltern wollen nicht nur materiell helfen, sondern wollen auch etwas über Herkunft, Geschichte, Familie, Zukunft der Kinder zu erfahren und überdies *gemeinsam* mit den Herkunftseltern verantwortlich über die Gestaltung der Zukunft der Kinder nachdenken; konkret: Ausbildungsmöglichkeiten miteinander diskutieren, als lebendige Ost-West-Achse.

3. Übereinstimmend äußerten alle Gasteltern aus Deutschland den Wunsch, doch dasselbe Kind aus Tschernobyl wieder aufnehmen zu können – möglicherweise erweitert um die Geschwisterkinder oder auch gar um die Herkunftseltern. Alle Gasteltern waren sich darüber im klaren, daß sie für eine Wiederholungsreise selbst die Flugkosten in Höhe von 300 Mark übernehmen müßten. Sie waren auch erstaunlicherweise – wie selbstverständlich – bereit, ebenfalls die zusätzlichen Kosten für die Finanzierung des Aufenthaltes aufzubringen. Mit dieser festen Absicht fuhren sie bereits nach Tschernobyl.
Dennoch: Bei 50 Prozent der Familien wurde das erweiterte Problembewußtsein in der Hinsicht deutlich erkennbar, daß sie sich selbst zunehmend kritischer die Frage stellten, ob derartige Wiederholungsreisen nicht langfristig zu neuen Ungerechtigkeiten, verbunden mit Leid sowie Ungleichheit der Chancen, führen könnten – bis hin zu der Frage, was ist mein eigener Anteil daran; welches sind meine Motive; was bedeutet gesellschaftspolitisch verantwortliches Handeln?

Gespräche mit den Herkunftsfamilien aus Weißrußland und der Ukraine

Ohne die „aufschließende Wirkung von Vertrauenspersonen wäre es nicht möglich gewesen, die folgenden Ergebnisse vorzulegen. Dazu trug zum einen die Präsenz der Gasteltern aus Deutschland bei, die von den Herkunftsfamilien als „Paten-Eltern" herzlich, vertrauens- und liebevoll empfangen wurden, zum anderen auch die Anwesenheit der seit zwanzig Jahren gut bekannten Dorfschullehrerin, die als Dolmetscherin diente sowie unsere Bereitschaft, Tisch und Ofenbett zu teilen. Nicht zuletzt auch „öffneten" sich die Befragten, nachdem bekannt geworden war, daß ich seit einigen Jahren an dem Versuch arbeite, mit ihnen – den betroffenen Opfern vor Ort – gemeinsam einen Wege aus der Krise zu finden, um dann den Aufbruch zu wagen.

Drei Ergebnisse der Gespräche möchte ich festhalten:

1. Bei vielen der Befragten war vor der Auslandsreise ihrer Kindern eine tiefe Skepsis gegenüber den Deutschen vorhanden. Kriegserinnerungen spielen in diesem Zusammenhang eine wichtige Rolle. Vielfach wird auch das in der kollektiven Erinnerung Weißrußlands eingebrannte Massaker von Katyn weiterhin den Deutschen zugeschrieben (obwohl inzwischen zweifelsfrei erwiesen und sogar von der russischen Regierung eingestanden wurde, daß die Rote Armee für diese Greueltat verantwortlich war).
2. Nach dem Deutschland-Aufenthalt der Kinder ist diese Skepsis dem gegenseitigen Vertrauen gewichen. Die Hilfe und Zuwendung, die ihre Kinder im Ausland erfahren haben, wird zur Basis einer Freundschaft zwischen Ost und West. Die Eltern haben die Erfahrung gemacht, nicht vergessen, ja, nicht allein zu sein. Das verleiht ihnen neue Hoffnung.
3. Nahezu alle Eltern betonen, wie sehr ihren Kindern durch den Deutschland-Besuch geholfen wurde. Dabei weisen sie nicht nur auf die medizinischen und materiellen Zuwendungen hin, sondern vor allem auch auf die seelische Gesundung ihrer Kinder, denen der Besuch im Ausland einen neuen Horizont eröffnet. Daß ihre Kindern einen „Kulturschock“ erlitten hätten, wird von allen Eltern zurückgewiesen.

8. Ergebnisse der quantitativen Befragung von Betroffenen (über 1000) in Ost und West

Entscheidend für die vorliegenden Erkenntnisse war die von Anfang an *gemeinsame* Arbeit von Menschen in Weißrußland, in der Ukraine und in der Bundesrepublik Deutschland. Es ist kein Geheimnis, daß dieser Arbeitsprozeß zur Gewinnung authentischer Stimmen zu keinem Zeitpunkt der Untersuchung von einem problemlosen, leidfreien, vielmehr vom einem eher sysiphusartigen Weg geprägt war – letztendlich aber zu einem wechselseitig konstruktiven Lernprozeß geführt hat. Die Probleme bei dieser Untersuchung auf belarussischer Seite sind bereits eingehend beschrieben worden (vgl. Kap. 5 bis Kap. 7). Nicht unerwähnt bleiben soll auch der von uns unerwartete, schwer nachvollziehbare Widerstand einiger deutscher Organisatoren von Kinderreisen gegen jegliche Art wissenschaftlicher Untersuchungen auf diesem Feld. Durch intensive Gespräche gelang es dennoch, die ermittelten Aussagen repräsentativ zu erheben. Der Datenumfang ist nicht nur erfreulich groß, sondern die Daten sind auch – im Sinne der anfallenden Stichprobe – repräsentativ wie signifikant. Es sei angemerkt, daß wir als Initiatoren und Gründer der BUNDESARBEITSGEMEINSCHAFT „DEN KINDERN VON TSCHERNOBYL" über eine Datenbank mit den Adressen nahezu aller Basisinitiativen, Selbsthilfegruppen, verschiedenen Einrichtungen und Institutionen in Deutschland, der Ukraine und Weißrußland verfügen, die wir fast ausnahmslos einbeziehen konnten.

Die *quantitativen* Befragungen – insgesamt 1195 – wurden nach einem gemeinsam entwickelten Instrumentarium durchgeführt. Dieses Instrumentarium ist jederzeit, sowohl in deutscher als auch in russischer Sprache, für weiterführende Untersuchungen erhältlich. Diese quantitativen Erhebungen wurden analog bei folgenden Zielgruppen durchgeführt:

- bei 765 belarussischen Kindern – davon bei 437 während ihres Deutschlandaufenthaltes, bei 328 nach ihrer Rückkehr ins Heimatland (davon 228 Befragungen und 100 projektive Testverfahren),
- bei 201 Gastfamilien in Deutschland,
- bei 229 Herkunftsfamilien in Weißrußland.

Die Resultate aus der qualitativen und der quantitativen Erhebung werden überdies ergänzt durch bereits der Autorin vorliegende, noch nicht publizierte wissenschaftliche Ergebnisse aus Weißrußland: zum einen durch eine Psychosozial-Studie aus dem Jahr 1991, die auf einer Erhebung bei mehr als 200 Schülern im wenig strahlenbelasteten Minsk basiert, zum anderen durch psychologische Analysen von Bildern, die von Kindern aus den verstrahlten Regionen gezeichnet worden sind.

Nachfolgend sollen die evaluierbaren Ergebnisse dargestellt werden. Dabei zeigte sich, daß bestimmte Aspekte bei den Interviewten unter verschiedenen Fragestellungen übereinstimmend wiederkehrten und facettenreich unter unterschiedlichen Blickwinkeln beleuchtet wurden.

Befragung von Kindern (765) aus Tschernobyl

„Ich erzähle Dir von mir ...! Was erwartest Du von Deinem deutschen Freund, wenn er Dich fragt ...?

Die Befragung wurde durchgeführt in: Klimowitschi, Krasnopolje, Narowlja, Marjina Gorka, Minsk, Leltschizy, Buda-Koscheljewo, Retschiza, Stolin, Rogatschew, Gomel, Dobrusch, Wetka, Chojnika und Belynitschy.

1. Fragenkomplex:
Weißt Du, warum die deutsche Familie für Dich einen Erholungsurlaub organisiert?

Von den 437 befragten belarussischen Kindern vermochten 8 Prozent auf diese Frage keine Antwort zu geben. Als entscheidende Argumente hierzu führten die Kinder an, darüber nicht genügend nachgedacht zu haben bzw. von den Eltern nur ungenügend aufgeklärt worden zu sein.

Bei 85 Prozent der Antworten stand der Aspekt *Gesundheit* im Vordergrund wie z.B. *Gesundungsaufenthalt* (42 Prozent), *Erholung* (21 Prozent) *und vorübergehende Erholung von der starken Strahlenbelastung* (22 Prozent). Als Motivationsgründe für die deutschen Gasteltern, Kinder aus der strahlenbelasteten Region zu sich in die Familie nach Deutschland aufzunehmen, nannten 14 Prozent der belarussischen Kinder Aspekte wie *Hilfsbereitschaft und Verständnis* sowie 14 Prozent *Mitleid und Barmherzigkeit*. 3 Prozent meinten, daß ihnen hiermit die Möglichkeit gegeben werden sollte, ein *anderes Land kennenzulernen*.

2. Fragenkomplex:
Woran denkst Du, wenn Du „Tschernobyl" hörst? Erinnerst Du Dich ...?

Für nahezu alle Kinder ist das Wort „Tschernobyl" mit festverankerten Erinnerungen, Assoziationen, Schreckensbildern bzw. Erlebnissen verbunden.

Bei 17 Prozent der Kindern stand das *Leid*, das diese Katastrophe für Erwachsene und Kinder hervorgerufen hat, im Vordergrund. 11 Prozent assoziierten mit dem Wort „Tschernobyl" *etwas Grausames* bzw. *etwas Schreckliches*. 7 Prozent verbanden diesen Begriff mit *Radioaktivität*, obwohl keines der befragten Kinder das Wort „Radioaktivität" begrifflich zu definieren vermochte. Weitere 7 Prozent sahen in „Tschernobyl" *leere Dörfer* oder *das eigene zurückgelassene Haus mit vernagelten Fensterläden*. 9 Prozent verknüpften diesen Begriff mit einer *dunklen Zukunft* für die Menschheit. So äußerte ein Kind: *„Tschernobyl ist eine schwarze Zukunft im Leben des Menschen"*. 6 Prozent der Kinder setzten diesen Begriff mit einer *Katastrophe*, einer *Explosion*, einer *dunklen gelben Staubwolke* bzw. einem *stürmischen Wind* gleich. 5 Prozent hatten hierbei die *rauchenden Schornsteine* des Atomkraftwerkes vor Augen.

Viele Kinder erschauerten vor dem Begriff „Tschernobyl". 9 Prozent empfanden sogar beim Vernehmen dieses Wortes eine *starke Todesfurcht* – den Tod von Mitschülern, Familienangehörigen oder Bekannten. So äußerte ein Junge: *„Ich denke an meinen Vater und meine drei Brüder, die durch Tschernobyl gestorben sind."* Ein anderes Kind gab an, daß seine Schulkameraden z. T. in onkologischen Krankenhäusern lägen und daß sein Herz stärker und kräftiger schlage, sobald es an Tschernobyl denke. Sehr viele Kinder assoziierten mit diesem Begriff *körperliche* bzw. *seelische Qualen*: 4 Prozent sahen in Tschernobyl das *Verbot durch Mütter, Lehrer bzw. Ärzte, draußen spielen, im Fluß baden, in den Wald gehen, Pilze oder Beeren sammeln zu dürfen.* Bei 5 Prozent der Kinder entstand vor ihren Augen das Bild von *erkrankten Menschen*, die sie entweder selber kannten oder deren Schicksal sie durch die Medien erfahren hätten. 2 Prozent der Befragten empfanden beim Hören des Wortes „Tschernobyl" *starke Seelenqualen*. Dieser Begriff wurde u. a. von den Kindern auch mit einem *nuklearen Weltkrieg* gleichgesetzt.

„Tschernobyl" hat die *kindlichen Freiräume eingeengt*. Das Wort symbolisiert das *Dunkle* bzw. *Schwarze*. „Tschernobyl" wird assoziiert mit *Evakuierung*, mit *fliehenden Müttern, die ihre Kinder am Busen tragen*: Die Kinder äußerten den Wunsch, daß sich „Tschernobyl" nie wiederholen dürfe. Der Name dieser Stadt wurde von vielen Kindern gleichgesetzt mit *„Hiroshima"*. Die *Bewertung der Verantwortlichen für den GAU* wurde mit dem *unmensch-*

lichen Töten der STALINschen Schergen in Katyn gleichgestellt. *„Tschernobyl“ assoziierte Tränen* – so äußerte ein Kind: *„Ich sehe die alten, einsamen und weinenden Frauen* und *die verlassenen Dörfer“*. Repräsentativ für 6 Prozent der Kinder antwortete eines: *„Ich sehe meine Mutter vor mir stehen; ihrem Gesicht entschwindet das Lächeln beim Klang dieses Wortes ‚Tschernobyl‘“.*

Einige Kinder konnten es einfach *nicht verstehen*, daß das *Atomkraftwerk weiterläuft*. Für einige bedeutete „Tschernobyl“ der *siechende Tod* – so ein Kind: *„Wenn ich dieses Wort höre, muß ich unwillkürlich darüber nachdenken, wieviel Jahre mir noch bleiben werden, wie lang ich noch leben kann“*. Vier Kinder gaben an, so *verzweifelt* zu sein, daß sie nicht weiterleben wollten, wenn sie an „Tschernobyl“ erinnert würden.

3. Fragenkomplex:
Hat sich etwas durch diesen Unfall für Dich verändert? … z. B. in Deinem persönlichen Leben, in Eurer Familie bzw. in Deinem Freundeskreis?

6 Prozent der Kinder vermochten es noch nicht, ausreichend zwischen dem persönlichen und dem familiären Bereich zu differenzieren.

Nahezu ein Viertel der Kinder wiesen auf die *Verschlechterung ihres Gesundheitszustandes* hin. 8 Prozent der Kinder klagten über deutliche körperliche Beschwerden *wie Schilddrüsenvergrößerung, Müdigkeit, Gelenkschmerzen, Appetitlosigkeit, Nervosität* und vor allen Dingen *Kopfschmerzen*. Kaum geringer war der Anteil der Kinder (23 Prozent), die auf diese Frage hin eine *steigende Häufigkeit von Krankheitsfällen in der Familie* nannten. 12 Prozent der Kinder berichteten, daß ihre *Freunde apathischer, passiver, gereizter* und bestimmt öfters krank seien. Vier der befragten Kinder leiden selber sogar unter *Schilddrüsenkrebs*; 12 klagten über eine *Verschlechterung ihrer Seh-*

stärke; 19 nannten *familiäre Todesfälle*, die sie dem Tschernobyl-Desaster anlasteten. Noch größer war der Anteil der Kinder (9 Prozent), die über eine auffällige Zunahme von Todesfällen im eigenen Umfeld zu berichten wußten ... so ein Kind: *„Mein Freund ist gestorben; er war 8 Jahre alt"*. Ein weiteres Kind: *„In der Familie der Cousine ist ein Kind mit Mißbildungen geboren worden"*.

Unter dieser Fragestellung klagten auch 14 Prozent der Kinder über *auferlegte Restriktionen* in ihrem alltäglichen Leben: *nicht in den Wald gehen, nicht im Fluß baden, nicht draußen im Freien über längere Zeit verweilen, weder Pilze noch Beeren sammeln zu dürfen bzw. auf gewohntes Essen verzichten zu müssen.* So ein Kind: *„Wir dürfen keine Pilze und Beeren essen; aber wenn es nichts zu essen gibt, dann essen wir diese trotzdem – kochen sie jedoch länger"*. Unter dieser Fragestellung nannten auch 9 Prozent der Kinder eine wachsende *Besorgnis im Hinblick auf ihre Zukunft und ihre Gesundheit.*

Für sehr viele hat sich das *persönliche Umfeld verändert*: sie hätten infolge der eigenen Umsiedlung *alte Freunde verloren* (7 Prozent), bzw. durch die Umsiedlung befreundeter Familien hätten sie sich von *liebgewonnenen Menschen trennen* müssen (11 Prozent). 4 Prozent der Kinder gaben andererseits an, daß sie nach dieser Katastrophe *neue Freunde gewonnen* hätten.

14 Prozent der Kinder nannten als eine positive Veränderung in ihrem Leben, daß *ihnen durch Tschernobyl nun die Möglichkeit zu einer Auslandserholungsreise* gegeben sei.

4. Fragenkomplex:
Wie hast Du die deutsche Familie erlebt?
Sie hat Dir gut bzw. gar nicht gefallen.
So etwas möchte ich auch bei uns machen.

43 Prozent der Kinder gaben an, daß ihnen *„alles" in Deutschland gefallen* habe. Ein Viertel der Befragten nann-

ten an oberster Stelle die Aspekte *„Sauberkeit"*, *„Ordnung"*, *„Kultur"*, *„häusliche Einrichtungen"* sowie die *„landschaftliche Umgebung"*.

Überwiegend wurde das Erlebnis in der Gastfamilie positiv bewertet. Folgende Aspekte wurden genannt:

- 16 Prozent der Kinder gefiel es, wie offen man in den deutschen Familien miteinander umgeht – wie man wagt, *Konflikte auszutragen* – wie man *streitet, um sich wirklich zu vertragen*.
- 19 Prozent gaben als Hauptaspekt an, die deutschen Gasteltern seien gute Menschen.
- Für 23 Prozent der Kinder war das Bemerkenswerteste *die gastfreundschaftliche Behandlung durch die Familie. Zärtlichkeit, Wärme, Achtung und Liebe* empfanden viele Kinder.
- 13 Prozent gaben an, sie seien *wie eigene Kinder* behandelt worden.
- Für 16 Prozent der Kinder war der Hauptaspekt *das gute Essen*.
- 21 Prozent der Kinder nannten den *hohen Freizeitwert (Parkanlagen, Schwimmhalle, Spielzeug, Ausflüge, Computer)*.
- Weiter wurden als positiv genannt: *das Angebot an Süßigkeiten, die Hilfsbereitschaft der deutschen Familie, das große Angebot in den Geschäften*.
- Immerhin 9 Kinder betonten das *Entgegenkommen der deutschen Kinder*.

Sehr viele Kinder wünschten sich ähnliche Lebensbedingungen auch in Weißrußland:

- 16 Prozent *mehr Wohlstand* im Heimatland.
- 8 Prozent der Kinder *gesundes Essen* in ausreichendem Umfang.
- 8 Prozent wünschten sich zwar Wohlstand, jedoch nicht unbedingt den der deutschen Kinder.

- 7 Prozent möchten über denselben Umfang an *Spielzeug* verfügen sowie zu Hause auch einen *Computer* besitzen.
- 8 Prozent wünschten sich, daß die Straßen, Häuser, Gärten und Schulen *genauso sauber, schön und gemütlich* sein sollten wie in Deutschland.
- Einige der Befragten gaben an, daß sie auch in Weißrußland *ohne Angst vor Verseuchung im Freien baden, essen* und *spazierengehen* möchten, für zu Hause *eine Schwimmhalle* wünschten und *viel reisen* möchten.
- Einige Kinder wünschten sich *für ihre Mutter weniger Probleme* in der häuslichen Arbeit, *mehr Geld* und ebenso viel *Küchentechnik*, wie sie es in Deutschland gesehen hatten.
- 6 Kinder wünschten sich für ihre Familien ähnliche *wirtschaftliche Lebensbedingungen.*

Auf die besonders kritische Frage „was ihnen nicht gefiel", antworteten einige der Kinder aus dem Gesamtkollektiv:

- 5 Kindern mißfiel das *frühe Aufstehen* innerhalb der Erholungszeit.
- 5 Kindern behagten einige *Essensangebote* nicht.
- 5 Kinder fanden in deutschen Familien *keine entsprechenden Altersgenossen.*
- Nur 2 Kinder gaben *Heimweh* an.
- 1 Kind mißfiel das Rauchen in Deutschland.
- 2 Kinder *empfanden es demütigend,* daß sie *von deutschen Kindern ausgelacht* worden seien.
- 2 Kindern mißfiel die *Anschnall-Pflicht während der Autofahrt.*
- 2 Kinder klagten über den *häufigen Regen.*
- Nur 1 Kind klagte über sprachliche Verständigungsschwierigkeiten.
- 1 Kind meinte, daß die belarussischen Kinder *zu weit voneinander getrennt* untergebracht worden seien.

– 1 Kind gab an, von einem älteren Kind in der Familie geschlagen worden zu sein.

5. Fragenkomplex:
Wenn Du drei Wünsche äußern dürftest, welche sollten das sein? Möchtest Du noch etwas erzählen?
Die Antworten der Kinder, die in Weißrußland befragt wurden, unterschieden sich von den Antworten der Kinder, die während ihres Aufenthaltes in Deutschland interviewt wurden dadurch, daß die in Deutschland befragten konkretere Wünsche vortrugen. Bei den letzteren (7 Prozent) überwogen als typische Wünsche: der Wunsch *nach Süßigkeiten, einem Computer, einem Rekorder, nach Tieren wie Papageien, nach Motorrädern, schöner Bekleidung, nach Disneyland-Besuchen sowie nach mehr Spielzeug.*

Bei 68 Prozent der Kinder wurde als Hauptwunsch *der Wiederbesuch in der Gastfamilie in Deutschland* genannt. 43 Prozent wünschten allen Familienangehörigen, den Gasteltern und den Menschen in der Welt allgemein *Glück und Gesundheit.* Für 21 Prozent der Kinder war der wichtigste Wunsch *nie wieder Krieg,* für 15 *Prozent nie wieder einen Tschernobyl-Gau.* Nur 3 Kinder sprachen sich *gegen die Erstellung neuer Atomkraftwerke* aus. 10 Prozent der Kinder nannten unter dieser Fragestellung als Hauptwunsch den *Gegenbesuch ihrer deutschen Gastfamilie* bei sich Zuhause. 17 Prozent gaben als ihr größtes Anliegen *eine Stabilisierung der wirtschaftlichen Lage in Weißrußland* an. Für 11 Prozent Kinder war der *gute Schulabschluß* wichtig. 8 Prozent der Kinder wünschten sich eine *gute berufliche Ausbildung bzw. einen Hochschulabschluß.* 9 Prozent träumten von einem *Leben ohne schädliche Umwelt bzw. Strahlenbelastung.* 6 Prozent sahen ihren Hauptwunsch darin, *neue Freunde zu gewinnen* bzw. *die alten Freundschaften pflegen* zu können. 19 Kinder äußerten den starken Wunsch, zusammen mit ihren *Familienan-*

gehörigen noch einmal nach Deutschland kommen zu können, damit diese sich dann mit ihren eigenen Augen hier von den guten Lebensbedingungen überzeugen könnten. 10 Kinder wünschten sich ein *Auto* bzw. ein *Haus. Nur 14 Kinder – knapp 2 Prozent – wünschten sich vorübergehend in Deutschland leben* zu können und hier ihre Berufsausbildung zu erhalten. 21 Kinder – knapp 3 Prozent – wünschten sich in Weißrußland die *Sauberkeit*, die sie in Deutschland vorgefunden hätten. 7 (1 Prozent) gaben explizit an, vermehrt Fremdsprachen lernen zu wollen. 4 Kinder hofften auf die *Wiedervereinigung der ehemaligen Sowjetunion*, und 2 Kinder wünschten sich in ihrem Land *weniger Kriminalität.*

Besonders hervorzuheben ist die Aussage von 2 Kindern: *„Ich will, daß mein Vater wieder lebendig unter uns weilt. Ich will, daß man die Menschen, die die Schuld an ‚Tschernobyl' tragen, dafür bestraft."*

1991 fand auch in Minsk eine repräsentative Befragung von 228 Schülern zum Problem „Tschernobyl" statt.

Die Tendenzen der Ergebnisse waren weitgehend deckungsgleich mit denen unserer psychosozialen Studie. Zwei Themenkomplexe aus dieser Untersuchung sollen hier ergänzend dargestellt werden: *„Bewußtsein über die Tschernobyl-Katastrophe"* und *„die radioaktive Verseuchung der Lebensmittel"*.

38 Prozent der befragten Schüler gaben an, sich mit ihren Eltern über diese Problematik oft bzw. sehr oft, 24 Prozent gelegentlich, 36 Prozent selten sowie 2 Prozent nie zu unterhalten. Direkt nach der Katastrophe überwog bei den Menschen die Angst vor der Gefahr der Strahlen, die von außen her auf ihren Körper eindringen. Erst später trat das Bewußtsein über das Gefahrenpotential in den Vordergrund, das durch die Aufnahme strahlenbelasteter Nahrung für sie existiert. Das Mißtrauen gegenüber den Behörden

wurde auch auf das Mißtrauen gegenüber den Nahrungsmitteln übertragen – und umgekehrt. Dieses manifestierte sich in der Aussage, daß 98 Prozent der befragten Schüler die angebotenen Nahrungsmittel für nicht unbedenklich hielten. Allgemein seien die Menschen vorsichtiger gegenüber den angebotenen Produkten geworden. Der chronische Lebensmittelmangel jedoch zwingt sie dazu, diese dennoch zu kaufen. 49 Prozent der Befragten verdrängten dieses Problem und kaufen alles Erhältliche ein: *„Wir wissen, daß alles verseucht ist, aber wir kaufen es trotzdem, denn schließlich will man ja auch etwas zu essen haben"*. Anderseits hatten es 83 Prozent kategorisch abgelehnt, in den verstrahlten Gebieten auch nur vorübergehend zu arbeiten. Selbst günstige Konditionen (gute Bezahlung, Versorgung mit sauberen Lebensmitteln, mit ausreichender Menge an Medikamenten, gute ärztliche Betreuung, Angebot einer Wohnung und die Ermöglichung eines Auslandaufenthaltes) wurden unter diesen Voraussetzungen ausgeschlagen.

88 Prozent der befragten Jugendlichen lebten in der ständigen Angst, daß das Tschernobyl-Problem eine Bedrohung für ihre Gesundheit darstellt. Viele meinten, daß bei ihnen bereits jetzt schon das Entstehen von strahlenbedingten Gesundheitsschäden vorgegeben wäre. Der Wunsch, ins westliche Ausland umsiedeln zu können, war bei der Befragung der Stadtjugend stärker ausgeprägt als bei ihren Altersgenossen auf dem Lande. Aus dieser psychosozialen Studie ging auch hervor, daß die Problematik von „Tschernobyl" bis zum gegenwärtigen Zeitpunkt immer mehr verdrängt wird. So stuften 1991 ca. 38 Prozent der Bevölkerung „Tschernobyl" als ein ihre Existenz bedrohendes Problem ein – 1993 jedoch waren es nur noch 8 Prozent.

Einen tiefen Einblick in die psychische Belastung der Kinder aus den verstrahlten Regionen gewährleistet die Analyse von 100 Kinderzeichnungen, die im Rahmen meiner Studie u. a. auch von der Psychologin J. L. Olwinskaja **1994 vorgenommen worden ist:**

Die quantitative Analyse belegte bei allen Kindern eine innere Unruhe, die bei ca. einem Drittel der Kinder als besonders stark ausgeprägt zu bezeichnen waren. In 22 Prozent waren die Anzeichen für eine Gefühls- und Geistesunreife (Infantilismus) zu entdecken, in 20 Prozent zeichnerische Züge, die das Vorhandensein von apokalyptischen Ängsten kennzeichneten; in 20 Prozent kamen Befürchtungen zur Darstellung, die von neurotischen Störungen zeugten. Die Bilder legten ein Verteidigungs- bzw. ein Abwehrverhalten der Kinder offen. Sie belegten die Existenz von sozialen Anpassungsschwierigkeiten. Sie trugen in 26 Prozent Merkmale, die Kinder mit einer Epilepsieerkrankung aufweisen. In diesen Fällen wäre eine klinische Betreuung unbedingt angezeigt.

Befragung von Gastfamilien (201) in Deutschland

In der schriftlichen Befragung wurden die Gasteltern wie folgt angesprochen:

Liebe Familie!

Vermutlich kennen Sie die Presseaussagen belarussischer Politiker: Kindererholung in Deutschland wirkt sich eher nachteilig aus ; darum bitten wir Sie um Ihre persönliche Erfahrung.

1. Fragenkomplex:

Du (Sie) bist (sind) Gastgeschwister (Gasteltern) für ein Kind aus Tschernobyl. Ist dadurch Für Dich (Sie) etwas anders als vorher?

Ca. zwei Drittel beantworteten diese Frage positiv, ca. ein Drittel negativ.

24 Prozent der befragten Gastfamilien gaben an, ein *größeres Verständnis* und *Interesse für die Menschen und die Probleme in Weißrußland* nach dem Besuch der Gastkinder erlangt zu haben: bei 12 Prozent ein größeres Interesse *für Menschen und Kultur*, bei 9 Prozent einen besseren *Einblick in die menschlichen Probleme* sowie ein *Abbau von Vorteilen* gegenüber den Weißrussen; von 3 Prozent wurde der Aufbau *persönlicher Kontakte* besonders betont.

Ca. 20 Prozent der Gasteltern gaben an, daß der Besuch sowohl bei ihren Kindern als auch bei ihnen selbst etwas bewegt habe. Hierzu meinten 5 Prozent der Befragten, daß sie ein *kritischeres Verhältnis zur Atomenergie* erlangt hätten. 13 Prozent meinten, seither *bewußter zu leben, über vieles mehr nachzudenken* oder allgemein den Mitmenschen gegenüber mehr *Hilfsbereitschaft* zu zeigen. 4 Prozent empfanden es als positiv, daß sich die ganze Familie *auf das fremde Kind habe einstellen müssen.* Für 3 Prozent war ein Hauptanliegen nach dem Kinderbesuch, daß man nun *Russisch lernen* wolle.

Einer der Befragten erklärte explizit, er wolle nach dem Gastbesuch aktiv in einer Bürgerinitiative mitarbeiten, die das Ziel verfolgt, diesen Kindern zu helfen.

2. Themenkomplex:
Warum hast (haben) Du (Sie) ein Kind aus Tschernobyl aufgenommen?

In 45 Prozent der Fälle war der Hauptgrund, daß man Organisatoren bzw. Helfer der Kinderaktionen *persönlich kannte;* bei 13 Prozent waren *Mitleid* und *Nächstenliebe* bei 14 Prozent der *Gesundungsaspekt für die strahlenbelasteten Kinder* die Hauptanliegen. 4 Prozent der Befragten gaben an, statt Programme nur finanziell zu unterstützen, jetzt auch *aktive Hilfeleistung* erbringen zu wollen. Für 4 Prozent war der Aspekt ausschlaggebend, auf der unteren Ebene einen Akt der *Völkerverständigung* zu leisten. Ca. 6 Prozent empfanden auch als ein wichtiges Motiv ihres Handelns *die Neugier gegenüber diesen Kindern*. Als weiterer Beweggrund wurde genannt, *mehr Verständnis für die Folgen der Katastrophe* zu erlangen bzw. *für die hilfebedürftigen Menschen selber*. 4 Prozent der Befragten hatten sich für den Schritt, Kinder aufzunehmen, ganz *spontan entschieden*. Dabei stellte sich heraus: 10 Prozent der Befragten waren selber in einer der deutschen Tschernobyl-Bürgerinitiativen tätig. 6 Prozent der Gasteltern waren kinderlos. 17 Prozent hatten ein, 45 Prozent zwei, 22 Prozent drei, 9 Prozent vier und 1 Prozent der Eltern sogar fünf eigene Kinder.

3. Fragenkomplex:
Hast (Haben) Du (Sie) etwas davon erwartet?

44 Prozent der Eltern beantworteten diese Frage. Als Haupterwartungen wurden folgende Aspekte genannt: *Freundschaft* bei 10 Prozent, *Verständnis für das Leben* und *die Kultur* der Kinder aus Weißrußland bei 10 Prozent sowie *Gesundung* und *Erholung* bei 6 Prozent.

4. Themenkomplex:
Hat es für Dich (Sie) Probleme gegeben?

Fast alle Befragten gingen auf diese Frage ein: 36 Prozent bejahten sie, 60 Prozent verneinten sie.

Als Hauptproblem nannten 22 Prozent der Befragten *sprachliche Verständigungsschwierigkeiten*. Die anderen Aspekte waren in ihrer Häufigkeit vergleichsweise niedrig. 2 Prozent schilderten als das größte Problem für sie *die Umstellung ihres gewohnten Tagesablaufes*. Für 1 Prozent gestaltete sich die Freizeitgestaltung schwierig. *Heimweh der belarussischen Kinder* nach ihrem Zuhause wurde von den deutschen Gasteltern nur sehr selten als ein Problem dargestellt (in 3 Fällen). Für 3 der befragten Familien entstanden Schwierigkeiten bei der Essensauswahl.

5. Fragenkomplex:
Hat es Für Dich (Sie) etwas Gutes gebracht?
188 der deutschen Eltern entschieden sich für eine positive Bewertung, 3 für eine negative und 3 enthielten sich zu dieser Fragestellung. Folgende Aspekte wurden auf diese Fragestellung hin genannt:
- Für 15 Prozent war der Hauptaspekt *der Aufbau einer neuen Freundschaft.*
- 14 Prozent empfanden es als wichtig, Menschen mit einer *anderen Mentalität* und aus einem *anderen Kulturkreis* kennengelernt zu haben.
- Für 7 Prozent war der Aspekt wichtig, seither die *eigenen Probleme zu relativieren* und *bewußter* und *zufriedener zu leben.*
- Für eine Person war die gewonnene Erfahrung wichtig, daß *kindliche Mentalität* und *Verhalten in allen Ländern* der Erde *im Grunde gleich* seien.
- Für 4 Prozent der Befragten war es wichtig, nicht mehr *anonyme Spendenleistungen* zu erbringen, sondern *konkrete Hilfsprogramme zu fördern.*
- 4 Prozent der Befragten sahen sich anschließend motiviert, die *russische Sprache zu erlernen.*
- 1 Prozent der Befragten empfanden es als eine neue Erfahrung und persönliche Bereicherung, ohne Worte mit den fremden Kindern kommunizieren zu müssen.

6. Fragenkomplex:
Welche Verbesserungen hättest (hätten) Du (Sie) vorgeschlagen?
45 Prozent der Befragten haben auf diese Frage verschiedene konkrete Verbesserungsvorschläge vorgetragen:

- Bessere *sprachliche Vorbereitung* der belarussischen Kinder wünschten sich 5 Prozent der Eltern.
- Die weißrussischen Kinder sollten auch darüber aufgeklärt werden, daß *es in Deutschland durchaus Probleme* geben könne (1 Prozent).
- 2 Prozent wiesen darauf hin, daß die belarussischen Kinder durch *gezielte Aufklärung* nicht mit *zu hohen Geschenkerwartungen* nach Deutschland kommen sollten.
- 6 Prozent wünschten sich *mehr Informationen* über die Kinder und ihre Familien.
- 2 Prozent meinten, man müsse die Gasteltern *früher auf den Besuch vorbereiten.*
- Ein Gastelternpaar wünschte sich noch *mehr Dolmetscher* in der Begleitung der Kinder.
- 2 Prozent der Eltern hielten Erleichterung bei der Visaerstellung für vorrangig.
- 3 Elternpaare, die bereits die Frage 5 deutlich verneint hatten, forderten, *daß die Kinder besser und ernsthafter nach sozialen Gesichtspunkten ausgesucht werden sollten.*

7. Fragenkomplex:
Würdest (Würden) Du (Sie) wieder ein Geschwisterkind (Kind) aufnehmen?
Nur die drei zuletzt genannten Elternpaare verneinten aufgrund ihrer schlechten Erfahrungen diese Frage; alle anderen erklärten ihre *erneute Bereitschaft, wieder Kinder aufnehmen zu wollen.*

8. Fragenkomplex:
Hast (Haben) Du (Sie) Freunde zur Aufnahme eines Kindes anregen können?
53 Prozent der Befragten war es gelungen, unter Freunden, Kollegen, Verwandten und Bekannten eine *Bereitschaft zu*

wecken, bei einer *wiederholten Aktion auch ein Kind aufzunehmen.*

9. Fragenkomplex:
Möchtest (Möchten) Du (Sie) die Familie in Weißrußland besuchen?
Wenn ja, wäre etwas dazu nötig?
Immerhin 79 Prozent der Befragten möchten die *Familie im Herkunftsland besuchen* – nur 9 Prozent verneinten diese Frage. Als *Hauptproblem* sahen die Gastfamilien *die sprachlichen Verständigungsschwierigkeiten* an. 4 Prozent meinten, bei einem Weißrußland-Besuch unbedingt einen *Dolmetscher* als Begleitung zu benötigen; 2 Prozent sahen es als erforderlich an, zuvor *Russisch zu lernen.*

10. Fragenkomplex:
Viele Menschen reden von „vor" und „nach" Tschernobyl. Hat sich für Dich (Sie) seit dem Zusammenleben mit den Kindern aus Tschernobyl etwas verändert in dem persönlichen Leben, in der Familie, in der Schule, am Arbeitsplatz, im Freundeskreis?
Diese Frage wurde von 81 Prozent bejaht, von 17 Prozent verneint. Typische Antworten für eine positive Entscheidung waren:
- gewachsenes Interesse an dieser Problematik bei 15 Prozent,
- kritischeres Bewußtsein gegenüber der Atomenergie bei 7 Prozent,
- höhere allgemeine Hilfsbereitschaft bei 7 Prozent,
- bewußterer Umgang mit der Energie bei 7 Prozent,
- Relativierung der eigenen Probleme bei 2 Prozent.
  Dem standen folgende typische Antworten gegenüber:
- Das Problembewußtsein sei schon immer dagewesen.
- Man habe mit den Kindern bereits in der Vergangenheit gearbeitet.

Befragung von Herkunftsfamilien (229) in Weißrußland und der Ukraine

Viele Menschen reden heute von „vor" und „nach" Tschernobyl.
Hat sich für Sie etwas verändert ...?

229 Familienangehörige in Weißrußland wurden interviewt – 78 Prozent Frauen und 22 Prozent Männer. Nahezu 2/3 der Befragten waren im Alter von 30 bis 40 Jahren. Die übrigen waren älter als 40 Jahre.

1. Fragenkomplex:
Viele Menschen reden heute von „vor" und „nach" Tschernobyl. Hat sich für Sie etwas verändert im persönlichen Leben, in der Familie, in der Schule, am Arbeitsplatz, im Freundeskreis, in der Lebensplanung oder in anderen Bereichen?
Diese Frage wurde von fast allen beantwortet. 83 Prozent meinten, daß sich das *Leben* für sie *nach der Tschernobyl-Katastrophe verändert* habe. 16 Prozent verneinten diese Frage. 62 Prozent derjenigen, die in ihrem Leben eine Veränderung festgestellt hatten, gaben als Hauptprobleme an: *Sorgen* um den *Gesundheitszustand* ihrer Kinder bzw. die ihrer Angehörigen sowie Sorgen um Freunde, Kollegen bzw. Bekannte. Bei ca. einem Viertel der Befragten war die *Sorge um den Arbeitsplatz* vorrangig. *Einige wenige* vermochten auch zu ihrer derzeitigen Situation *positive Aspekte* zu benennen.

Eindeutig überwog jedoch die Auflistung der Negativveränderungen:
- *Verschlechterung der eigenen Gesundheit und der von Familienmitgliedern,*
- *Tod von Familienangehörigen und Kollegen,*
- *Wechsel des Wohnortes sowie Aussiedlung,*
- *Abbau der Arbeitsplätze* in den verlassenen Orten,

– *Mangel an Arbeitsplätzen* in den neubesiedelten Orten,
– *Desolate wirtschaftliche Lage* in Weißrußland.

Nahezu die Hälfte aller Befragten äußerte *tiefe Besorgnis* über die Situation am eigenen Arbeitsplatz und über den eigenen Gesundheitszustand sowie über die Probleme im unmittelbaren Umfeld. 10 der Befragten gaben an, ihren Wohnsitz unbedingt verändern zu müssen, um aus ihrer verzweifelten Lebenssituation zu gelangen. Für 5 war die Lage grundsätzlich ausweglos – gezeichnet von *schwerer Depression*. Ursache hierfür waren die schlechte eigene gesundheitliche Verfassung, der Tod eines Ehepartners, die desolate materielle Situation sowie eine tiefe innere Unruhe.

2. Fragenkomplex:
Haben Sie die gegenwärtigen Probleme, die durch Tschernobyl entstanden sind, verdrängt?

5 Prozent vermochten hierauf keine Antwort zu geben. Die restlichen interviewten Menschen entschieden sich ziemlich genau je zur Hälfte mit *ja* bzw. mit *nein*.

Als ein Beweggrund, die Tschernobyl-Probleme zu verdrängen, wurde aufgeführt: *der Mangel an Lebensmitteln lasse es unmöglich erscheinen, bei der Auswahl der Lebensmittel auf die radioaktive Belastung zu achten*. Außerdem führe Geldmangel zu einer *falschen Ernährungsweise* und infolgedessen *zu Krankheitsformen, die nicht primär durch radioaktive Belastung hervorgerufen seien*.

Die andere Hälfte der Befragten wies darauf hin, daß es *zwar viele ernsthafte wirtschaftliche Probleme gebe, die Tschernobyl-bedingten Folgen aber trotzdem noch aktuell seien*. Für den Großteil dieser Menschen bedeutet *„Tschernobyl" immer noch eine evidente Bedrohung*.

3. Fragenkomplex:
Jeder Mensch verarbeitet eine solche Situation anders, wie reagieren Sie? Ich bin geblieben wie ich war; ich bin unge-

duldiger, aggressiver geworden; ich bin ausgeglichener und verantwortungsbewußter; ich bin hoffnungsloser bzw. mutloser geworden; oder ich bin unbelastet von all diesen Problemen?

19 Prozent meinten, sich in ihrer Lebensart nicht verändert zu haben. 41 Prozent gaben an, *ungeduldiger* bzw. *aggressiver* geworden zu sein. 38 Prozent führten an, daß sie vor allen Dingen durch die *gesundheitliche Belastung ihrer Kinder* gefordert wären. Durch diese Sorge wären sie ausgeglichener und verantwortungsbewußter geworden. 22 Prozent bezeichneten *ihre Lage als absolut hoffnungslos*. Nur 3 Prozent gaben an, trotz des Problems „Tschernobyl" unbelastet weiter leben zu können.

4. Fragenkomplex:

Gibt es Dinge, die Sie gegenwärtig stark belasten; wovor haben Sie Angst? Gibt es Hoffnung, an die Sie glauben können. Gibt es etwas, auf das Sie sich freuen können?

Eindeutig überwogen bei der Beantwortung dieser Frage die negativen Aspekte:

- 44 Prozent der Befragten hatten *Angst vor eigenen Erkrankungen*, insbesondere aber Angst vor Verschlechterung des *Gesundheitszustandes ihrer Kinder.*
- 20 Prozent sahen überhaupt *keinen Ausweg* aus ihrer Lage – insbesondere unter dem Aspekt der Zukunft für ihre Kinder.
- 15 Prozent fürchten, daß die *Radioaktivität* negative Einflüsse auf die *klimatischen Verhältnisse* habe und daß die weiterhin bestehende *Radioaktivität die Lebensmittel vergiften* würde.
- 5 Prozent äußerten unter diesem Fragenkomplex die *Angst*, daß sich *die wirtschaftliche Situation* noch weiter verschlechtern könnte.
- 3 Prozent meinten, die *Katastrophe könnte sich wiederholen*.

- Von einigen wurde die Angst geäußert, sie könnten ihre *Arbeit verlieren.* Es könnte ein *neuer Krieg* entstehen. Einige der Befragten befürchten sogar, *daß sie diese schwere Situation nicht überleben* könnten.
- Nur 4 Prozent der Befragten äußerten, daß sie keine Angst hätten.

Auf die Frage, ob für sie als Betroffene überhaupt irgendeine Hoffnung bestehe, äußerten sich 26 Prozent nicht. Die übrigen bejahten bzw. verneinten diese Frage je zur Hälfte.

Von denjenigen, die Hoffnung auf Hilfe erwarten, erwuchs diese Hoffnung:

- Bei 21 Prozent aus dem Vertrauen auf die Hilfe Gottes.
- Bei 8 Prozent aus dem Vertrauen, die eigenen Probleme kompetent zu lösen.
- Bei weiteren 8 Prozent aus dem Vertrauen auf ausländische Hilfe.

5. Fragenkomplex:
Sind Sie ausreichend über den GAU informiert worden durch den Staat, durch die Wissenschaft; fehlen spezifische Informationsstrukturen?

Die überwältigende Mehrheit (76 Prozent) gab an, über *die Folgen des GAUs nicht ausreichend informiert* worden zu sein. Nur 16 Prozent haben diese Frage positiv beantwortet. Der gegenwärtige *Aufklärungsgrad spiegelt* sich im *Ausbildungsstand der Befragten* wieder. Differenziert konnten diese Frage vor allem Ärzte, Tierärzte, Lehrer, landwirtschaftliche Fachleute, Krankenschwestern, Ingenieure, Bibliothekare usw. beantworten. 11 Prozent der Befragten sahen sich nicht imstande, auf diese Frage überhaupt eine Antwort zu finden. Die *Verantwortung* bezüglich ihres schlechten Informationsstandes lasteten nur 15 Prozent der Befragten den staatlichen Organen an. 2 Prozent beschuldigten *die verantwortlichen Wissenschaftler.* 11 Prozent meinten sogar, die *Wissenschaftler* hätten zwar ausreichende Informationen, diese *dürften sie jedoch nicht weiterleiten.* 4 Prozent glaubten, es bestünden *ungenügende Informationsstrukturen.*

6. Fragenkomplex:
Haben Sie in dieser Zeit Hilfe erfahren? Was hat Ihnen am meisten geholfen: der Familienzusammenhalt, die Beziehungen zu Freunden und Kollegen, die Hilfe aus dem eigenen Land durch Staat, Kirche sowie Bürgerinitiativen oder die Hilfe aus dem Ausland durch Staat, Kirche sowie Bürgerinitiativen?
Eine exakte quantitative Auswertung dieser Fragen gestaltete sich äußerst schwierig. Das lag am wenig aufgeklärten Kenntnisstand der betroffenen Eltern bzw. Kinder. Die Mehrzahl der Befragten wußte nicht genau, von wem die Hilfe eigentlich kam. *Solange die Befragten nicht ernsthaft betroffen waren, wie z. B. durch die Notwendigkeit medizinischer Hilfe, zeigten sie auch zum Großteil kein Interesse daran, aus welchen Quellen die humanitäre Hilfe gekommen war.*

44 Prozent der Befragten gaben an, eine gewisse *Hilfe als Tschernobyl-Betroffene erhalten* zu haben: hiervon 68 Prozent vom eigenen Staat. 6 Prozent erhielten diese Hilfe von *der weißrussischen Kirche* und 26 Prozent von verschiedenen *einheimischen Bürgerinitiativen.*

28 Prozent gaben an, Hilfe von *ausländischen staatlichen Organisationen* erhalten zu haben, 19 Prozent von *ausländischen Kirchen* und 65 Prozent von *unterschiedlichen ausländischen Bürgerinitiativen.*

Der *eigene Familienzusammenhang* war für 21 Prozent aller Befragten eine wichtige Voraussetzung dafür, die fatalen Lebensbedingungen zu meistern. Ca. 6 Prozent der Befragten gaben an, *Unterstützung von Freunden* bzw. *Kollegen* erhalten zu haben.

56 Prozent der Befragten meinten, sie hätten *von keinem Hilfe erhalten.*

7. Fragenkomplex:
Stellt sich für Sie die Umsiedlungsfrage? Stellt sie sich an erster Stelle? Unter welchen Voraussetzungen sind Sie zur Umsiedlung bereit: wegen mangelnder medizinischer Versorgung, wegen der Situation am Wohnort, am Arbeitsplatz, aufgrund der Ausbildungssituation, der Gemeinschaft mit Freunden und der Nachbarschaft bzw. wegen anderer Gründe? Glauben Sie, zur Erleichterung der Umsiedlung selbst etwas beitragen zu können? Erwarten Sie etwas von Nachbarn oder Freunden, von staatlichen Organisationen oder Bürgerinitiativen des eigenen Landes bzw. von staatlichen und kirchlichen Organisationen oder Bürgerinitiativen des Auslandes?

Für 52 Prozent der Befragten war diese Frage nicht aktuell; 2 Prozent fanden zu diesem Themenkreis keine Antwort. Bei den restlichen 46 Prozent der Befragten war die Fragestellung sehr aktuell; bei 25 Prozent stand sie sogar an erster Stelle.

In der Analyse der Antworten derjenigen, die zu einer „Umsiedlung" bereit wären, fanden sich folgende Aspekte:

- Medizinische Versorgung in 45 Prozent,
- Wohnraumsituation in 61 Prozent,
- Arbeitssituation in 56 Prozent,
- Verbesserung der Ausbildungssituation in 33 Prozent,
- Situation in der Nachbarschaft und im Freundeskreis in 35 Prozent der Fälle.

Obwohl für einige der Befragten die Thematik der „Umsiedlung" nicht aktuell war, haben sie trotzdem umfangreich zu diesem Themenkomplex Stellung genommen.

Die Frage: *Glauben Sie zur Erleichterung der Umsiedlung selbst etwas beitragen zu können?* wurde von mehreren nicht beantwortet, da sie den Sinn dieser Frage nicht eindeutig verstanden hatten. 69 Prozent der Befragten glaubten zur Erleichterung der Umsiedlung *selbst nichts beitragen* zu können. Nur 5 Prozent sahen sich in der Lage, etwas bewirken oder selber mit Erfahrung bzw. Ratschlägen helfen zu können.

Unter dem Aspekt, *von wem die betroffenen Menschen Hilfe erhalten* könnten, wurde folgendes beschrieben:

- 52 Prozent der Befragten hatten *keine Erwartungen* mehr.
- 30 Prozent äußerten Erwartungen an ihre Nachbarn und Freunde.
- 18 Prozent gaben zu diesem Fragenkomplex keine Antwort.

Als *mögliche Hilfespender* aus dem eigenen Land wurden genannt:

- von 19 Prozent der eigene Staat,
- von 5 Prozent die eigenen kirchlichen Organisationen,
- von 8 Prozent die eigenen Bürgerinitiativen.

Von den *auswärtigen Institutionen* erhofften sich die Menschen Hilfe wie folgt:

- 15 Prozent durch die ausländischen Staaten
- 13 Prozent durch die kirchlichen Organisationen
- 27 Prozent durch die ausländischen Bürgerinitiativen

Im Vordergrund standen hierbei der Wunsch nach *materieller Unterstützung*, die *Intensivierung der Kinderverschickung* und die *ärztliche Behandlung im Ausland*. Vom eigenen *belarussischen Staat* erhoffte man sich *eine Optimierung der medizinischen Versorgung*, mehr Hilfe bei den *Aussiedlungsprogrammen, finanzielle Unterstützung, Entlastung durch Steuersenkungen* und eine bessere Versorgung *mit ökologisch sauberen Nahrungsmitteln.*

8. Themenkreis:
Gab es ein Familienmitglied, das bereits vorher Auslandserholung erlebt hatte? Hat die Auslandsreise zu Problemen geführt – „vor", „nach" oder „während" der Reise? Hat die Auslandsreise etwas Gutes bewirkt – für Sie, Ihre Familie, Ihre Freunde bzw. Ihre Bekannten?

- 86 Prozent der befragten Eltern hatten *Kinder, die zuvor in Deutschland* waren.
- Im übrigen folgten die Länder *Italien, Belgien, Österreich, Tschechien, Bulgarien, Holland* und die *Schweiz.*
- Von den Befragten gaben 22 Prozent der Eltern an, daß für sie die Auslandsreisen mit Schwierigkeiten verbunden war.
- 17 Prozent meinten, es wären vor allen Dingen vor Antritt der Reise Schwierigkeiten aufgetreten.
- Für 14 Prozent der Eltern bestand das Hauptproblem darin, die Kinder infolge finanzieller Not innerhalb von Weißrußland zum Treffpunkt zu bringen bzw. wieder abzuholen.
- 10 Prozent der Eltern schilderten, daß die Bereitstellung der Ausreiseformalitäten schwierig gewesen war.
- 4 Prozent der Befragten wiesen auf den allgemeinen Mangel an angebotenen Plätzen für Auslandsreisen hin.

Es wurden *nur wenige Probleme* von den Befragten geschildert, die während der Erholungsmaßnahmen *im Ausland direkt* entstanden waren:
- In einem Fall wurde von einem Elternteil angegeben, daß die *bereits bestehende Erkrankung* des Kindes während des Auslandsaufenthaltes *weiter vorangeschritten* sei.
- In einem anderen Fall habe es deutliche Probleme mit der *sprachlichen Verständigung* gegeben.
- Bei 4 Prozent gestaltete sich der *Rücktransport der Kinder* (von Minsk in die peripheren Regionen) schwierig.
- Fünf Eltern wiesen darauf hin, daß es den Kindern grundsätzlich schwerfalle, sich wieder *an die katastrophalen Lebensumstände in Weißrußland zu gewöhnen.*
- Einer Mutter bereitete es Probleme, ihrem Kind klar zu erläutern, *warum das Wohlstandsniveau in den beiden Ländern so unterschiedlich* ist.

- Nur eine Mutter klagte über das Problem, *daß ihr Kind erneut nach Deutschland zurückreisen* wollte.

Über 90 Prozent *der Befragten beurteilten die Auslandsreise durchweg als positiv.* Nur 1 Prozent der Befragten meinten, daß diese Aktion nichts Gutes erbracht habe. Folgende positive Aspekte wurden genannt:
- Ca. drei Viertel der Befragten nannten an erster Stelle die *Erholung und Gesundung* sowie die *ärztliche Versorgung* in Deutschland.
- Von über 50 Prozent der Eltern wurde eine *Verbesserung des Gesundheitszustandes* ihres Kindes nach der Erholungsreise registriert.
- 7 Prozent der Befragten meinten, daß die Auslandsreise auch zur Verbesserung der materiellen Situation in der Familie beigetragen habe.
- Bei 40 Prozent der Befragten stand als positives Merkmal dieser Reisen im Vordergrund, daß die Kinder *neue Freunde* gewonnen, ein *fremdes Land kennengelernt* und viele *neue Eindrücke* gewonnen hätten.

9. Fragenkomplex:
Wie beurteilen Sie die Auslandsreisen? Richten sie Schaden an; sind sie eine große Hilfe; sollten ausländische sowie Projekte im eigenen Land gefördert werden? Sollte die Hilfe nur auf Förderungsmaßnahmen im eigenen Land hinzielen? Welche Verbesserungsvorschläge können zu diesem Projekt eingebracht werden?
Nur 1 Prozent der Befragten bewerten diese Auslandsreise als schädlich. Kritisiert wurde, daß die Auslandsreise den Lernprozeß in der Schule unterbreche, wenn sie inmitten des Schuljahres erfolge. Ein Befragter wies daraufhin, daß der nicht erlebte Auslandsaufenthalt Neid-Gefühle bei den Alterskollegen, die im Lande bleiben mußten, hervorrufen könne. Demgegenüber *vertraten 96* Prozent *die Mei-*

nung, daß die Auslandsreise *eine große Hilfe* dargestellt habe.

Auf die Frage, ob sowohl *Projekte im Ausland* als auch *im eigenen Land* gefördert werden sollten, antworteten mehr als zwei Drittel der Befragten mit *ja*, nur 2 Prozent mit *nein* – die übrigen enthielten sich hier bei der Entscheidungsfindung, *ob nach ihrer Meinung nur Projekte im eigenen Land vorrangig gefördert werden sollten.* Die Frage, ob *Erholungsmaßnahmen nur im eigenen Land* zu fördern seien, wurde eindeutig von der *großen Mehrheit der Befragten* (mehr als 2/3) *verneint* – nur 10 Prozent würden eine ausschließliche Förderung der Projekte im eigenen Land begrüßen.

Auch wenn die *ablehnende Haltung* gegenüber den Erholungsreisen im Ausland nur von wenigen Personen geäußert wurde, sind die *Kritikpunkte* erwähnenswert, zumal sich diese nicht generell *gegen diese Form der Erholungsmaßnahmen* richten, *sondern* vielmehr *gegen die Durchführung*:
- Die Hilfe würde nur nach subjektiven Gesichtspunkten verteilt.
- Die Hilfeleistungen flössen doch nur in dunkle Kanäle.

Nur 18 Prozent der Befragten zählten konkrete Verbesserungsvorschläge bezüglich der Reiseprogramme auf:
- Die Kinder sollten *öfter* zur Erholung ins Ausland geschickt werden (6 Prozent).
- Sie sollten diese Möglichkeit *regelmäßig erhalten* (1 Prozent).
- Der *bürokratische Aufwand* für die Erholungsmaßnahmen sollte *reduziert* werden (6 Prozent).
- Es wurde der Wunsch nach *längeren Aufenthalten* geäußert (2 Prozent).
- Nur 0,5 Prozent wünschten sich eine *bessere Organisation* des gesamten Reiseablaufes.

- 2 Prozent erhofften sich *bessere Transportmöglichkeiten* wie per Luft oder mit komfortableren Bussen.
- 5 Prozent empfahlen, es wäre sinnvoll, die Einladung über die entsprechenden Schulen zu vermitteln.

10. Fragenkomplex:

Möchten Sie die ausländischen Gasteltern zu Ihnen nach Hause einladen? Sollten die Gasteltern in Ihrer Familie wohnen; braucht Ihre Familie hierbei Unterstützung. Wäre ein gemeinsames Treffen an einem anderen Ort günstiger?

Der Fragenkomplex der *Gegeneinladung* deutscher Gasteltern nach Weißrußland wurde *erstaunlich eindeutig* beantwortet:

- *98* Prozent der Befragten *würden gern die deutschen Gasteltern zu sich nach Hause einladen.*
- 6 Prozent würden gern eine Einladung aussprechen, sehen sich hierzu jedoch infolge eigener *häuslicher Raumnot* bzw. wegen *anderer Gegebenheiten nicht in der Lage.*
- Von den Befürwortern dieser Frage äußerten 96 Prozent, daß sie *die deutsche Gastelternfamilie direkt in ihre Familie* einladen wollten.
- 31 Prozent sahen es wegen ihrer *finanziellen Notlage* als notwendig an, für diesen Zweck *Unterstützung* zu erhalten.
- 96 Prozent sprachen sich auch *eindeutig dagegen* aus, daß ein gemeinsames *Treffen an einem anderen Ort* stattfinden könnte.

11. Fragenkomplex:

Ist eines der Familienmitglieder oft oder über längere Zeit erkrankt? Welche medizinische Versorgung ist vorhanden, hinsichtlich der ärztlichen und der medikamentösen Versorgung, hinsichtlich der anderen medizinischen Behandlungsmöglichkeiten? Fehlen zur Durchführung der medizi-

nischen Notwendigkeiten materielle, psychologische bzw. geistliche Hilfen?

Nur ein Drittel der Befragten konnte die Notwendigkeit der medizinischen Hilfe verneinen. Von 65 Prozent *der Menschen* wurde vorgetragen, daß *in ihren Familien* ein oder mehrere Angehörige über *längere Zeit erkrankt* seien.

- 65 Prozent der Befragten äußerten *Kritik an der medizinischen und ärztlichen Betreuung.*
- 59 Prozent klagten über *Mangel an notwendigen Medikamenten.*
- 16 Prozent sahen das Hauptproblem bei der medizinischen Betreuung in *nicht ausreichenden Behandlungsmöglichkeiten.*
- 33 Prozent der Befragten benötigte zur Durchführung der medizinischen Hilfe materielle Unterstützung.
- 35 Prozent äußerten den Wunsch nach einer *besseren psychologischen Betreuung.*
- 21 Prozent wünschten sich darüber hinaus auch den *Beistand religiöser Einrichtungen.*

Einige äußerten sich *kritisch* über die *diagnostischen Möglichkeiten in Belarußland* und über eine *unzureichende medizinische Kenntnis der Ärzte,* strahlenverursachte Krankheiten ausreichend zu therapieren.

12. Fragenkomplex:

Ist religiöser Glaube für Sie wichtig geworden? Wie erleben Sie diesen, welche anderen Werte sind für Sie wichtig?

Auf diese Frage gingen – historisch bedingt – überhaupt nur 31 Personen (15 Prozent) ein. Von diesen gaben knapp die Hälfte, nämlich 15 Befragte (43 Prozent), an, daß der Glaube für sie wichtig geworden sei, 8 Befragte (23 Prozent) verneinten die Bedeutung des Glaubens. Viele vermochten es nicht, sich zu dieser Frage zu äußern.

- 6 Prozent aller Befragten lasen *regelmäßig die Bibel* bzw. *besuchten die Kirche.*

- 5 Prozent meinten, durch den *Glauben Kraft* und *Hoffnung* zu erhalten.
- 4 Prozent bezeichneten sich als gläubige Menschen.
- 1 Prozent äußerte, daß es für sie wichtig sei, *die Gebote Gottes einzuhalten.*
- 1 Prozent gab an, daß man *an etwas glaube* – an *eine nicht genau zu definierende Kraft, die überall in der Welt existent* sei.

Befragt nach den ideellen Leitmotiven für ihre Lebensführung, äußerten einzelne Personen Aspekte wie die *„Menschlichkeit"*, die *„Achtung vor dem Alter"*, der *„Glaube an das Gute"*, der *„Zusammenhalt der Familie"*, die *„Reinhaltung der Umwelt"* und der *„Friede auf Erden"*.

13. Fragenkomplex:
Können Sie etwas zur Verbesserung in Ihrer Familie oder bei anderen nahestehenden Personen tun, allein oder gemeinschaftlich mit anderen? Was käme hierzu für Sie in Frage? Haben Sie schon damit beginnen können; was würden Sie gern in Zukunft tun?

Nur *12* Prozent sahen sich gegenwärtig in der Lage, ihre *persönliche bzw. ihre familiäre Lage* aus eigener Kraft zu verbessern. Drei Viertel der Befragten meinten dennoch, daß sie dieses Ziel in erster Linie *aus eigener Kraft erreichen* könnten. 41 Prozent glaubten, daß sie ihre schlimme Lage im Zusammenwirken mit anderen Menschen ihres Umfelds verbessern könnten. 39 Prozent vertraten hingegen die Auffassung, daß die Mithilfe der anderen ihre Situation nicht positiv beeinflussen könnte.

Auf die Frage nach konkreten *Lösungsmöglichkeiten* wurden folgende Aspekte genannt:
- sich gegenseitig zu helfen, von 9 Prozent;
- konzentrierter und besser zu arbeiten, von 4 Prozent;
- Verbesserung der finanziellen und materiellen Situation von 9 Prozent;

- Verbesserung der Gesundheitsfürsorge vor allem in Hinblick auf die Kinder von 4 Prozent;
- aktive Mitwirkung in einer Bürgerinitiative von 2 Prozent;
- Ausrichtung der Menschen auf einen intensiveren Glauben von 1 Prozent;
- aktiver am Leben teilzunehmen und Initiativen zu entfalten, von 1 Prozent.

Auf die Frage, *was würden Sie gern in Zukunft tun*, wurden folgende Wünsche vorgetragen:
- ungestört leben zu können und eine *gute Arbeitssituation* vorzufinden, von 24 Prozent;
- eine ausreichende Arbeit zur Sicherung der familiären und persönlichen Lage zu erhalten, von 7 Prozent;
- bessere Zukunftsaussichten für die eigenen Kinder von 11 Prozent;
- Umsiedlung in nicht strahlenbelastete Zonen von 3 Prozent;
- den eigenen Anteil zur Verbesserung der gesamtwirtschaftlichen Lage des Landes beizutragen, von 3 Prozent;
- ein hohes Lebensalter zu erlangen, von 1 Prozent;
- Deutschland einmal kennenzulernen, von 2 Prozent;
- den Glauben und das Wort Gottes Kindern und Erwachsenen vermitteln zu können, von 1 Prozent;
- allgemein viele Pläne verwirklichen zu können, von 1 Prozent.

14. Fragenkomplex:
Wenn Sie drei Wünsche äußern dürften, welche sollten diese sein?
Im einzelnen wurden folgende Wünsche vorgetragen:
- *Gesundheit* der Kinder und aller Menschen von 68 Prozent;
- *kein Krieg* im eigenen Lande oder in der Welt sowie die

friedliche Lösung der Konflikte in der Welt von 42 Prozent;
- eine *stabile wirtschaftliche Lage* im eigenen Land von 23 Prozent;
- *materieller Wohlstand* von 18 Prozent;
- *andere Länder kennenzulernen*, von 26 Prozent;
- die Sehnsucht nach *persönlichem Glück* von 21 Prozent;
- der Wunsch nach *besseren Wohnverhältnissen* von 8 Prozent;
- die Beseitigung der Tschernobyl-Folgen von 5 Prozent;
- die Tschernobyl-Katastrophe möge sich nie wiederholen, von 8 Prozent;
- den Wunsch nach mehr Verständnis der Mitmenschen untereinander und nach mehr Menschlichkeit von 6 Prozent;
- eine Festigung der *freundschaftlichen Beziehungen zwischen den Ländern und deren Bewohnern* von 9 Prozent;
- mehr Ruhe und Ausgeglichenheit im familiären Bereich von 4 Prozent;
- sich wieder mit Gott zu versöhnen und auf die Einhaltung der Gebote Gottes zu achten, von 2 Prozent;
- den Wunsch nach der Wiedervereinigung mit Rußland von nur 1 Prozent;
- die Verbesserung der medizinischen Versorgung erstaunlicher Weise nur von 2 Prozent;
- den Wunsch, *geistig reicher zu sein*, von 2 Prozent.

Durch Mitarbeiter der Minsker Stiftung „Den Kindern von Tschernobyl" wurden weitere 50 belarussische Bürger nach dem vorgegebenen Interviewleitfaden zusätzlich befragt und die Ergebnisse getrennt ausgewertet (diese sind allerdings in die Gesamtauswertung mit eingeflossen).

Weitgehend fügen sich die Aussagen dieser Gruppe in das Gesamtbild des Meinungsspektrums ein. Bei dieser besonders ausgewerteten Klientel befanden sich jedoch vermehrt belarussische Bürger, die mit Tschernobyl-Bürgerinitiativen zusammenarbeiten. Hierdurch heben sich in einigen Punkten diese Befragungsergebnisse ab:

- Über 90 Prozent dieser Respondenten verneinten aus eigener Erfahrung die wirksame Hilfe der staatlichen Stellen. Die meisten betonten, daß die Hilfe hauptsächlich über Bürger-Initiativen im In- und Ausland läuft sowie über die kirchlichen Initiativgruppen. Dieses Ergebnis entspricht – das muß hervorgehoben werden – auch vollständig der Realität. Selbst nach der Einschätzung von offiziellen, sachkompetenten belarussischen Vertretern ist der Umfang der Hilfeleistungen, die privaterseits erbracht worden sind, vergleichsweise um ein Vielfaches höher als die Spenden, die von staatlichen Stellen zusammengetragen wurden – dieses gilt insbesondere für Deutschland.
- Durch die doppelte Belastung – eine wirtschaftliche und eine ökologische – läßt sich auch der *innere Zustand* der Menschen erklären*: gestiegene Nervosität, Ungeduld, Aggressivität, Angst, Gefühl des Ausgeliefertseins, Hauptinteresse am „Kampf ums Überleben"*. Viele betonten, daß ihr Handeln seit dem Tschernobyl-GAU beherrscht sei von dem *gewachsenen Verantwortungsgefühl gegenüber ihren Kindern*. Nur wenige aus dieser interviewten Gruppe gaben an, ihr Zustand sei geprägt durch *Gleichgültigkeit* bzw. *verdrängende Gewohnheit*.
- Viele äußerten *Vorbehalte gegenüber* verschiedenen *Staatsorganen*: Die Bevölkerung sei über das Ausmaß der Tschernobyl-Katastrophe *nicht rechtzeitig informiert* worden. Über lange Zeit sei die *Wahrheit* über die zu erwartenden Strahlenfolgen *verheimlicht* worden. Tausende seien verantwortungslos *ihrem Schicksal preisgegeben* worden. Der Staat habe versucht, sich mit *kleinen Sarggeldern freizukaufen, um die Menschen in den verstrahlten Regionen* zu halten.

- Die *humanitäre Hilfe aus dem Westen* sei *fast das einzige,* was die Lage der Menschen etwas erleichtere. Alle Befragten setzten große Hoffnungen in die Gesundung ihrer Kinder in den sauberen Zonen des Auslands. Die Erfahrungen belegten, daß der *Erholungswert für die Kinder* sehr hoch sei: *ökologisch saubere Ernährung, psychische Erholung, frische Luft, Erweiterung des kulturellen Horizontes* und vieles mehr.
- Die *emotionelle Stimmung* der Kinder *verbessere sich.* Sie kämen in guter Laune nach Hause zurück, und diese Stimmung halte für längere Zeit an. Viele Eltern behaupteten, daß sich dieses *auf die ganze Familie übertrüge.*
- Am *Beispiel des Verhaltens der deutschen Kinder* in ihren Familien und in ihren Schulen werde das *Leben in einer Demokratie vorgelebt.*

9. Bilanz und Perspektiven der psychosozialen Gesamtstudie

„Wenn ich groß bin, machen wir es umgekehrt: dann kommen die deutschen Familien zu uns."

Die Ergebnisse der quantitativen Erhebung stelle ich folgenden noch einmal komprimiert zusammen. Es ist nicht überraschend, daß die wesentlichen Ergebnisse oftmals den Resultaten der qualitativen Befragung entsprechen.

Wenn die meisten der belarussischen Kinder mit dem Begriff „Radioaktivität" auch keine konkreten Vorstellungen verbinden können, so sehen sie in „Tschernobyl" eine *ernste Bedrohung ihrer Existenz.* Kinder sowie Eltern assoziieren mit dem Begriff *„Tschernobyl"* eine Bedrohung durch etwas *Tiefschwarzes* – nahezu etwas *„Apokalyptisches"*: in der Übersetzung bedeutet dieses Wort *„Schwarzer Wermut"*. Bedenkenswert ist, daß *von vielen belarussischen Kindern* der *atomare Tschernobyl-GAU* verglichen wird *mit dem Atombombenabwurf auf Hiroshima.* Viele der Kinder lasten das vermehrte Auftreten von Krankheits- und Todesfällen im eigenen Umfeld dem atomaren GAU an.

Die Qualität des Erholungsurlaubs in Deutschland wird hoch bewertet. Die Kinder schätzen besonders die *liebevolle Betreuung durch die Gasteltern, den für sie unbekannten, offenen und „streitbaren" Umgang miteinander, um sich wirklich zu vertragen,* die *reichhaltige* und *hochwertige Nahrung,* das *freundliche Bild, das Natur* und *Städte bieten,* vor allen Dingen aber die *neu gewonnenen*

Freundschaften und den *Kontakt zu den Menschen.* Probleme wie „Streitigkeiten unter Kindern", „ungewohnte Kost", „Heimweh" oder „sprachliche Verständigungschwierigkeiten" werden fast nie aufgezählt. Anhaltspunkte, die auf einen „Kulturschock" deuten, den die Kinder während ihres Aufenthalts im westlichen Ausland erlitten haben könnten, sind *nirgendwo erkennbar.* Die Theorie des vermeintlichen „Kulturschocks" erweist sich als *unzutreffend, als – vielleicht gewolltes – Phantasieprodukt.* Trotz allen Glanzes, mit dem die westliche Welt sich den Kindern präsentiert hat, träumen nur ganz wenige davon, hier einmal leben zu können. Im Gegenteil ist es *ihr ausdrücklicher Wunsch,* intensiv in bescheidenerem Umfang gemeinsam mit Freunden und Eltern *im eigenen Lande die notwendigsten Voraussetzungen zu schaffen,* die ein Leben unter humanen Bedingungen ermöglichen. An oberster Stelle steht bei fast allen Kindern der Wunsch, den Kontakt mit ihren deutschen Gastfamilien zu pflegen und diese auch einmal zu sich in ihre Familie nach Belarußland einladen zu können.

Die Mehrzahl der deutschen Gasteltern hat überaus positive Erfahrungen mit den Kindern aus Tschernobyl gemacht. Aufgrund persönlicher Ansprache über Freunde bzw. Bekannte haben sie sich an diesen Erholungsprogrammen beteiligt. Ein Hauptmotivationsgrund ist, selber einen aktiven, nicht anonymen humanitären Beitrag leisten zu können. Nur drei der über zweihundert interviewten Gasteltern kritisieren die Auswahlkriterien für die Kinder. Die Mehrzahl erklärt sich aufgrund der erlebten positiven Erfahrungen erneut bereit, künftig wieder Kinder aus Tschernobyl aufzunehmen. Die Gastkinder hätten bei ihnen das Interesse für die Kultur und die Menschen in Belarußland und der Ukraine geweckt – sie hätten ihre Herzen geöffnet. Viele äußern den Wunsch, diese Länder und seine Menschen auch besuchen zu wollen. Einige wollen sich sogar hierfür durch das Erlernen der russischen Sprache optimal vorbereiten. Erfreulich viele haben damit bereits begonnen.

Das Stimmungsbild der Aussagen der Eltern der Tschernobyl-Kinder ist deutlich geprägt von der desolaten Lage, in der die betroffenen Menschen in Belarußland leben müssen: *katastrophale wirtschaftliche Bedingungen, zunehmende Krankheitsfälle im persönlichen Umfeld, gesundheitliche Gefährdung durch strahlenbelastete Nahrungsmittel.* Das Hauptproblem sehen die Belarussen in der allgemein vorherrschenden Mangelernährung. „Tschernobyl" bedrückt fast alle, wie ein dunkler Geist, der Schrekken und Angst verbreitet. „Tschernobyl" wird assoziiert mit „Krieg" oder einem „neuen atomaren GAU".

Viele klagen über eine unzureichende Informationspolitik. Bemerkenswert ist, daß aber nur 15 Prozent der Befragten den Staatsorganen alleine die Schuld für diese Misere zuweisen. Von tiefer Frustration sind die Aussagen über die wirtschaftlichen Perspektiven geprägt, – vor allem angesichts der hohen Arbeitslosenquote. Nur wenige vertrauen hierbei auf die eigene Kraft. Der kooperative Gemeinschaftssinn in Familie und im persönlichen Umfeld ist gefordert. Ein Großteil sieht in den Staatsorganen die entscheidende Institution, die imstande ist, eine Verbesserung der wirtschaftlichen Lage zu bewirken. Gegenwärtig können nur wenige – bedingt durch die mehr als 70 Jahre vorherrschenden Repressionen gegen die Kirche – Trost und Hilfe in einer gefestigten religiösen Überzeugung finden. Trotz aller materiellen bzw. finanziellen Probleme steht jedoch die Sorge um die Gesundheit der Kinder eindeutig an oberster Stelle.

Für 96 Prozent der befragten belarussischen Eltern bedeuten die Erholungsreisen ihrer Kinder eine entscheidende Hilfe. Nur 1 Prozent bewertet die Aktionen eher negativ – mit dem Hauptargument: Die Erholungsreisen störten den regulären Schulunterrichtsbetrieb. Nur eine Mutter von ca. 500 Befragten gab an, nach der Reise nach Deutschland habe ihr Kind vermehrt „Heimweh" nach seiner deutschen Gastfamilie empfunden. Aspekte, die als psychische Störungen der Kinder im Sinne eines erlebten „Kulturschocks" gedeutet werden könnten, waren nicht aufgetaucht.

Eindeutig positiv beurteilen die befragten belarussischen und ukrainischen Eltern die Erholungsreisen nach Deutschland aus folgenden Gründen:

- Der Gesundheitszustand der Kinder hat sich nach dem Auslandsaufenthalt deutlich verbessert. Außerdem verhalten sie sich psychisch gefestigter.
- Viele Kinder haben neue Willenskraft gefunden. Sie wollen lernen, um selbst einmal einen Beitrag zur Verbesserung der Verhältnisse leisten zu können.
- Während des Aufenthalts werden sie fast ausnahmslos optimal versorgt und medizinisch betreut.
- Es entstehen überaus wertvolle menschliche Kontakte. Es werden feste Friedensbrücken durch die zwischenmenschlichen Begegnungen aufgebaut.

Der Wunsch nach diesen wechselseitigen menschlichen Kontakten dominiert eindeutig die Aussagen der belarussischen Eltern. Er steht vor den anderen vorgetragenen Bedürfnissen wie etwa: mit gezielter Unterstützung, die materielle Not zu lindern oder humanitäre bzw. medizinische Hilfe zu erhalten. So wünschen die Eltern der Tschernobyl-Kinder fast ausnahmslosden engen Kontakt zu den deutschen Gasteltern und möchten diese bei einem Gegenbesuch in Weißrußland bei sich aufnehmen – auf keinen Fall soll diese Begegnung an einem anonymen Ort stattfinden. Einige benötigen zu diesem Zweck jedoch finanzielle Unterstützung. Bei einigen ist dieses Vorhaben wegen der Raumnot, in der ihre Familie leben muß, nicht realisierbar. Wie ich selbst erfahren konnte, schafft hier die solidarische Hilfe der Nachbarn Auswege. Das Maß der Gastfreundschaft, das wir erfahren durften, läßt sich in quantitativen Erhebungen nicht ausdrücken.

Bemerkenswert ist, daß – abgesehen von den in Bürgerinitiativen organisierten Eltern – viele Belarussen nicht genau wissen, von welcher Seite ihnen die Hilfe aus dem Ausland zuteil wird. Kirchlich bzw. karitativ gelenkte Initiativen werden – entsprechend der Zuordnung dieser Institutionen im eigenen Land – mit einer von ausländischen Staatsorganen erbrachten Hilfeleistung gleichgesetzt. Betrachtet man alle Hilfsaktionen für die Kinder von Tschernobyl, erkennt man den hohen Wert der belarussischen Initiativen. Allein 70000 Tschernobyl-Kinder sind bislang in nur fünf Jahren über die private Bürgerinitiative in Minsk „DEN KINDERN VON TSCHERNOBYL" zu Erholungsurlauben nach Deutschland vermittelt worden. Auch in Deutschland übersteigt das Ausmaß der Hilfe für diese Kinder, das von den einzelnen Mitmenschen der Basisinitiativen erbracht wird, bei weitem das der staatlichen Hilfe. Allein für die Unterbringung, die Erholungsmaßnahmen und die medizinische Versorgung für diese 70000 Kinder wurde ein unvorstellbarer Betrag von mehr als DM 70 Millionen von engagierten Mitbürgern aus alten und neuen Bundesländern *privat* zusammengetragen. Der Sinn, diesen Sachverhalt auch den belarussischen Partnern zu verdeutlichen, soll weniger darin liegen, ihnen die „wahren Spender" vor Augen zu führen, es soll viel mehr ein Beleg dafür sein, wie stark diese Aktivitäten von einer breiten Basis deutscher Bürger eigenverantwortlich – zum Teil unter persönlichen Verzichtleistungen – mitgetragen werden und welche Kraft von der Initiative vieler Einzelpersonen ausgehen kann.

Über zwei Drittel der befragten weißrussischen Eltern befürworten eine Förderung der Erholungsmaßnahmen sowohl im eigenen Land wie im Ausland. Nur 10 Prozent sehen Vorteile darin, wenn das Spendengeld in vollem Umfang in Weißrußland eingesetzt würde. Hierzu muß ich bemerken, daß die Kinder aus Tschernobyl als „Botschafter ihres Landes" bei uns in Deutschland *nicht nur die Herzen,* sondern auch infolge geweckter Hilfsbereitschaft *unsere Geldbörsen geöffnet* haben. Ohne diese materielle Unterstützung ließe sich ein effektives, sicherlich überaus sinnvolles Netz von Erholungsstätten in Weißrußland nicht errichten – es sei denn, die deutschen Hilfsfonds, die von staatlichen Einrichtungen bzw. von den Dachorganisationen der Wohlfahrtsverbände getragen werden, würden sich dieser überaus notwendigen Aufgabe mit einem noch größeren Engagement annehmen. Für die belarussischen Bürger stehen die Erholungsmaßnahmen ihrer Kinder sowie der „Brückenschlag" zwischen den Menschen beider Länder eindeutig an oberster Stelle.

Die deutschen Initiativgruppen sollten die weißrussischen Partner in einigen Punkten noch besser unterstützen. Die Umfrage macht deutlich, in welchen Bereichen vor allem Handlungsbedarf besteht:

- Den weißrussischen Eltern mangelt es oftmals so stark an Geldmitteln, daß sie kaum in der Lage sind, den Kindertransport innerhalb ihres Landes zu finanzieren.
- Der bürokratische, in der Vergangenheit manchmal sogar „schikanös" erscheinende Aufwand zur Erstellung der Reiseunterlagen bzw. Visa überfordert viele der belarussischen Partner.

Die deutschen Initiativgruppen sind gefordert, einen engen Erfahrungsaustausch zu pflegen, gegenseitig ihre Aktionen aufeinander abzustimmen sowie die belarussichen Partner tatkräftig und auch finanziell zu unterstützen. „Zwistigkeiten" sowie „Profilsucht" sind hier fehl am Platz. An dieser Stelle sei angemerkt, daß zur Bewältigung derartiger Probleme unsere Initiative zur Gründung der BUNDESARBEITSGEMEINSCHAFT „DEN KINDERN VON TSCHERNOBYL" ergriffen wurde.

Die vorliegenden Ergebnisse aus dieser psychosozialen

Studie belegen eindeutig, daß die Kinder von Tschernobyl als „Botschafter ihres Landes" bei uns und auch bei sich zu Hause vieles in Bewegung gesetzt haben: Die *„stille Revolution der Kinder von Tschernobyl"* ist unaufhaltbar.

10. Empfehlungen zur Krisenverarbeitung nach der Tschernobyl-Katastrophe

„... doch heute mein Apfelbäumchen pflanzen!“

Wenn heute Menschen aus dem westlichen Ausland die Katastrophengebiete in Weißrußland und der Ukraine besuchen, wird sich mancher an das MARTIN LUTHER zugeschriebene Wort erinnern:

> *„... und wenn ich wüßte, daß morgen die Welt unterginge, so würde ich doch heute mein Apfelbäumchen pflanzen!“*

Wer angesichts der Hoffnungslosigkeit wagt, sich der scheinbar ausweglosen Krisensituation zu stellen, muß selbst ergriffen sein von jenem abendländisch-christlich verantwortlichen Denken. Nur tätige Hilfe vermag, die betroffenen Menschen aus ihrer Isolation, in die sie zunehmend hineingeraten, herauszuführen. Eine Anteilnahme, die der entmutigenden Trostlosigkeit ein klares *„Dennoch“* entgegensetzt, kann den Betroffenen, ja sogar unheilbar Kranken neue Kraft geben.

Diese Einsicht legt nahe, mit der *„psychosozialen Krisenverarbeitung“* * nicht erst zu beginnen, wenn auf einer ersten und zweiten Stufe der MASLOWschen „Bedürfnispyramide" zunächst die Grundbedürfnisse nach *„Sicherheit,*

---

* Vgl. dazu SCHUCHARDT, ERIKA: *Warum gerade ich ...? Leben lernen in Krisen*, 9. erw. u. durch-gesehene Aufl. Göttingen 1996; Übersetzungen in mehrere Sprachen, ausgezeichnet mit Literaturpreis.

Geborgenheit, Nahrung und Wohnung" befriedigt worden sind. Die Menschen leben heute, nicht erst morgen und übermorgen. Sie können nicht auf die Überwindung des Notstandes warten, um dann erst an „*Selbstfindung*" und „*Selbstwerdung*" auf einer fünften und sechsten Stufe der Bedürfnispyramide nach Maslow zu denken.

Darum gilt es, auch Ansätze zu einer „*psychosozialen Krisenverarbeitung*" – zur Abwendung der Gefahr einer geistigen, seelischen und physischen Zerstörung – schon jetzt in der unvollkommenen Situation in den Blick zu nehmen. Ihre schrittweise Integration zu einem frühest möglichen Zeitpunkt in das Katastrophen-Management trägt der Tatsache Rechnung, daß die leibliche und die seelische Seite der Betroffenen immer ein unaufgebbares Ganzes bilden. Mit anderen Worten: „*psychosoziale Krisenverarbeitung*" ist unabdingbare Voraussetzung von seelischem Gesundsein. Das ist umso notwendiger, als eine Analyse der in der Datenbank der Bibliothek der UN in Wien gespeicherten deutsch-, englisch- und russischsprachiger Literatur zum Themenkomplex „Tschernobyl" eindeutig ein Defizit im Bereich psychosozialer Studien belegt: Es sind im Zeitraum von 1986–1995 weniger als 2 Prozent aller Publikationen.

Der Aufbruch in der ehemaligen Sowjetunion nach der Wende 1989 hat bei den neuen Verantwortlichen zu ersten nachhaltigen Reformen geführt: So wurde sowohl in Weißrußland wie in der Ukraine das Tschernobyl-Entschädigungs-Gesetz erkämpft, das jedoch de facto, angesichts des finanziellen Bankrotts der Staaten, auf unabsehbare Zeit kaum eingelöst werden kann. Dieser Umstand wird auch von den Staatsorganen öffentlich eingestanden. Desto nachhaltiger ist die Weltöffentlichkeit aufgefordert, sich an ihr Gewissen zu erinnern, alles nur Erdenkliche zu tun, um der Bevölkerung – den betroffenen Menschen – die erforderliche Hilfe und Ermutigung zu geben, um trotz anscheinend bestehender Hoffnungslosigkeit die Durchgangsphase bestehen zu können und einen Neuanfang politisch, wirtschaftlich und menschlich zu wagen.

In dieser Durchgangssituation ist humanitäre Hilfe ohne jeden Zweifel geboten, wenn sie auch grundsätzlich unter der Prämisse stehen sollte:

„Gebt den Menschen die Angel, nicht nur den Fisch".
Gegenwärtig ist humanitäre Hilfe schlicht zum Überleben notwendig, um daraus die „Hilfe zur Selbsthilfe" erst erwachsen zu lassen.

Empfehlungen für eine gezielte „Hilfe zur Selbsthilfe" umfassen drei Formen des Handelns:

– Begegnungen ermöglichen
– Bildungsangebote entwickeln
– Begleitung kranker Menschen gestalten

mit dem Ziel, daß die Betroffenen *mit* der Krise „Tschernobyl" leben lernen.

Im folgenden werden sowohl bestehende als auch dringend erforderliche Projekte der Begegnung, Bildung und Begleitung beschrieben, in der Hoffnung, daß jeder Leser als Privatmensch wie auch als Vertreter einer Institution oder Organisation selbst entdecken kann *wie* und *wo* er mit seiner Kompetenz und seinem Engagement gebraucht wird.

Begegnung – Brücke zwischen Menschen in Ost und West

Kinder als Botschafter von Tschernobyl

Nach einschlägigen Untersuchungen aller Kinderbesuche, die von Bürgerinitiativen auf Einladung von Gast- bzw. Patenfamilien in westeuropäischen Ländern organisiert wurden, läßt sich übereinstimmend feststellen: Betroffene Kinder können zu Botschaftern von Tschernobyl werden. Ihr Dasein in einer Gastfamilie außerhalb des ehemaligen Ostblocks läßt die Krise nach Tschernobyl unmittelbar vor den Augen aller Familien, Freunde und Kollegen erstehen. Ohne daß sie es wollen, werden die Eingeladenen zu Botschaftern ihrer Geschwister, Eltern, Angehörigen, die zurückbleiben mußten, ohne die Hoffnungsbrücke eines eigenen Besuches, zurückgelassen in der Hoffnungslosigkeit, in einem tödlich strahlenden Hier und Heute weiterleben zu müssen. Die Gastkinder von Tschernobyl hinterlassen Eindrücke, die bewirken, daß das Geschehen dort nicht in Vergessenheit gerät. Sie erinnern, einer Mahnwache vergleichbar, durch ihr Da-Sein.

Begegnung – Brücke zwischen Menschen in Ost und West

Gast- bzw. Patenfamilien als Anwälte der fremden Menschen aus dem Osten

Unsere Untersuchungen in den Gast- bzw. Patenfamilien geben Aufschluß darüber, daß nicht nur Freunde der betroffenen Kinder in Schule und Nachbarschaft, sondern in ähnlicher Weise deren Gast-Mütter und -Väter sowie deren Freunde am Arbeitsplatz, in politischen Gruppierungen und in gesellschaftlichen Organisationen im Zusammenleben mit einem Kind aus Tschernobyl unbemerkt zum Anwalt der fremden Menschen aus dem Osten werden. Politik rückt für sie schmerzlich hautnah heran. Der Kampf für eine Verbesserung der Situation der Geschädigten wird zum Ziel eigenen Handelns – und das nicht nur im eigenen Land, sondern auch über die Grenzen hinaus. Einige Aussagen und Niederschriften deutscher Gasteltern nach ihrem Besuch in Weißrußland und in der Ukraine bestätigen dies exemplarisch:

- *„Ich habe versucht, mir vor meiner Reise nach Minsk die Situation der Menschen dort vorzustellen. Doch die Wirklichkeit übertraf alle meine Vorstellungen. Die Menschen leben in fürchterlichen Verhältnissen. Ich möchte ihnen jetzt stärker, noch effektiver helfen. Ich möchte ihnen wenigstens ein kleines Stück unseres Glückes geben."*

• *„Ich habe erst durch die Reise erfahren, wie hochgradig die Umgebung von Belynitschi verstrahlt ist, daß eine künstliche Abregnung radioaktiver Wolken über Mogilow ohne Vorwarnung der Bevölkerung eingeleitet worden war und daß eine fleckenhafte Verteilung der Verstrahlung mit unterschiedlicher – zum Teil hoher, lebensbedrohender Intensität – stattgefunden hat. Auch das hörte ich, daß die internationale Anteilnahme und die weltweite Hilfsbereitschaft durch verschiedene Initiativen sehr groß ist, daß aber der Einfluß der Rubelinflation auf die ärztliche Versorgung erschreckend stark ist. Und ich sah, daß ein vierwöchiger Aufenthalt im Ausland, z. B. Deutschland, dennoch eine große gesundheitliche Besserung für die Kinder bringt."*

• *„Erst durch die Reise erfuhr ich, daß ohne die Öffentlichkeitsarbeit zugunsten der Kinder-Auslandsaufenthalte und anderer Hilfsmaßnahmen die Gefahr entsteht, daß das Reaktorunglück und die betroffenen Menschen überall vergessen oder verdrängt werden. Das darf es nicht geben. Es ist ja alles so viel grausamer, als es sich je ein Mensch vorstellen kann. Ich denke an die noch ungeborenen Kinder, die ja bereits geschädigt sind. Wie sollen die Menschen dort ohne Hoffnung überhaupt leben?"*

Begegnung – Brücke zwischen Menschen in Ost und West

Wechselseitiges Voneinander-Lernen und Miteinander-Leben in Weißrußland, in der Ukraine und im westlichen Rußland

Um die Gefahr einseitiger Hilfe zu vermeiden, um das vielzitierte wechselseitige Voneinander-Lernen und Miteinander-Leben überhaupt in Gang zu bringen, sollten auch Einladungen in die Herkunftsländer Weißrußland und Ukraine gefördert werden. Angesichts der äußerst einfachen, beengten Wohnverhältnisse und der schwierigen wirtschaftlichen Situation dort, wie auch wegen der überhöhten Kosten in den Intourist-Hotels, ist es erforderlich, vor Ort Wege dafür zu entwickeln. In Weißrußland und in der Ukraine sollten einige Begegnungsstätten geschaffen werden, in die lernbereite Gast- bzw. Patenfamilien aus dem westlichen Europa kommen können, um das Leben und Leiden der Menschen dort zu verstehen. Zugleich wäre dies ein Anstoß zu einer Auseinandersetzung mit Kultur, Geschichte und Gegenwart. Da alle Befragten den Wunsch äußerten, die Gast- bzw. Patenfamilien ihrer Kinder – der tiefverwurzelten russischen Gastfreundschaft entsprechend –, bei sich zu Hause aufzunehmen, werden sie jedenfalls bereit sein, beim Schaffen von Begegnungsmöglichkeiten mitzuarbeiten.

Es kann an dieser Stelle nicht unerwähnt bleiben, daß die Herausforderung „Tschernobyl" kein singuläres Problem nur dieser Region darstellt, sondern analog auch in anderen Ländern der ehemaligen UdSSR existent ist – wie in verschiedenen Regionen Sibiriens, Kasachstans, den Bezirken um Tomsk, Tscheljabinsk, Assamas u. a.

Bildung – Angebote zur sprachlichen und kulturellen Verständigung im Herkunfts- und Gastland

Vorbereitung in Erholungs- und Bildungszentren im Herkunftsland als komplementäre Maßnahme zu Auslandsaufenthalten

Wünschenswert ist es, daß die Begegnungen mit Familien im Westen im Herkunftsland zunächst vorbereitet werden. Einerseits gilt es, nach dem Krankenhausaufenthalt den Patienten wieder zu stärken und aufzubauen, andererseits ihn (und möglicherweise ein Familienmitglied) auf die Reise ins Ausland durch erste Vermittlung von Sprache und Grundkenntnissen des täglichen Umgangs vorzubereiten, damit Begegnung, das Voneinander-Lernen und Miteinander-Leben gefördert werden können. Wenn in einem fremden Land, also in einem anderen Kulturkreis, die Erholung gelingen und Hoffnung wachsen soll, ist es notwendig, eine Basis für die sprachliche Verständigung zu schaffen (vgl. dazu die biographischen Aussagen in den Kap. 2 und 3).

Seit längerer Zeit bereits planen die UNESCO und die Bundesrepublik Deutschland, Erholungsheime und möglichst auch einige Bildungszentren in Weißrußland zu errichten. Diese Aufgabe ist und bleibt ein vorrangiges Ziel. Sie erfordert jedoch erhebliche finanzielle Unterstützung durch staatliche und karitative Organisationen. Um Erholungsmöglichkeiten bald schaffen zu können, sind die Kooperationspartner an der Basis unentbehrlich, und zwar:

- als Nahziel zu aktiv begleitender medizinischer Hilfe;
- mittelfristig zum gleichzeitigen Aufbau von Jugendbegegnungsstätten;
- als Fernziel zum Aufbau interkultureller Einrichtungen.

Es kann heute und in der Zukunft nicht darum gehen, nur einen Transfer von Technik und Bildungsmaterial zu propagieren. Die Bedingungen für die Begegnungen mit Menschen in Westeuropa müssen verbessert werden. Denn die Begegnung mit anderen kann den Menschen in Weißrußland und der Ukraine den Blick öffnen für Veränderungen, ja, kann ihnen mögliche Alternativen zur gewohnten Lebensgestaltung in ihrem Herkunftsland aufzeigen. Der notwendige Techniktransfer, wie z. B. die Lieferung medizinischer Geräte, muß begleitet sein durch den Aufbau eines Netzes zwischenmenschlicher Beziehungen von West nach Ost und umgekehrt sowie durch entsprechende Fortbildungsprogramme.

Begleitung – Angebote zur Krisenverarbeitung

Hilfen für Kranke und Sterbende mit ihren Angehörigen

Da die Krise von Tschernobyl keineswegs abgeschlossen ist, sondern noch andauert und auch in den kommenden Jahren die einzelnen Betroffenen wie auch deren Familien und Bezugsfelder weiterhin belasten wird, müssen Angebote zur Begleitung der Schwerkranken geschaffen werden. Zur Kooperation mit dortigen Ärzten, Krankenschwestern und Lehrern sollten folgende Formen menschlicher Begleitung entwickelt und in Gang gebracht werden:

- Besuchsdienste zur Begleitung von Eltern schwerkranker Kinder;
- Ermöglichung des Erfahrungsaustausches von Eltern untereinander (den zahlreichen Selbsthilfe-Gruppen von Patienten hier im Westen vergleichbar);
- einfache sozialpädagogische Kurse, um Angehörige zu befähigen, mit ihren kranken, oft schwer geschädigten Kindern zu spielen und zu sprechen; z.B.: *„Wenn du spielst, spiel' nicht allein ...“* – *„Ich erzähle dir von mir!“*
- Vorbereitung der Krisenbegleiter; z.B.: *„Weil du nicht geflohen bist vor unserer Todes-Angst. Wechselseitige Begleitung zum ‚Leben'“*.

Im Blick auf die oft ausweglosen Erkrankungen und das Verlassensein der Betroffenen sollten dabei auch Möglichkeiten zur Sterbebegleitung erprobt werden als Hilfe in der bedrängenden Isolation, die – wie ich beobachten konnte – zunehmend die Kräfte der Angehörigen absorbiert.

Hier stellt sich die Frage nach einem Mitwirken von Priestern und Kirchenmitgliedern. Nach Jahrzehnten der Unterdrückung der Kirche machen es die Bedingungen der Vergangenheit für die russisch-orthodoxe Kirche aber schwer, mit Hilfsangeboten an die betroffenen Menschen heranzutreten. Wie unsere Umfrage gezeigt hat, waren für alle religiösen Belange die Großmütter „zuständig". An vielen Orten beginnt das religiöse Leben, langsam wieder zu erwachen. Trotz aller Schwierigkeiten der Kirche nach 72 Jahren einer Existenz im Untergrund hat sie heute immerhin neue Chancen, in der Öffentlichkeit mitzuarbeiten. Darum sollte versucht werden, die Kirche an diesen begleitenden Hilfen zu beteiligen. Wo in schweren Leiden alle Hoffnung zusammengebrochen ist, vermag sie Halt zu geben und Trost zu spenden. Es ist somit durchaus denkbar, daß die Kirche gewonnen werden kann, bei den Besuchsdiensten und der Begleitung von Sterbenden mitzuwirken.

Begleitung – Angebote zur Krisenverarbeitung

Vorbereitung der Begleiter

Menschen, die andere in Krisen begleiten wollen, haben eine schwere Aufgabe. Die Erfahrung hat gezeigt, daß es möglich ist, diese Menschen durch wissenschaftlich fundierte Vorbereitung so zu stabilisieren, daß sie der Konfrontation mit Grenzsituationen nicht wehrlos gegenüberstehen und sie längere Zeit durchhalten können. Es hat sich gezeigt, daß Krisenbegleitung ein Weg ist, der gelernt werden kann. Notwendig sind also Angebote für Menschen, die sich als Krisenbegleiter zur Verfügung stellen wollen.

Als Material für entsprechende Seminare stehen Untersuchungsergebnisse aus aller Welt und Konzepte zur Krisenverarbeitung zur Verfügung, die in meinem Buch: *„Warum gerade ich ...?"* mit dem Untertitel: *„Leben lernen in Krisen"*, vorgestellt worden sind. In der folgenden Abbildung wird der Lernweg aus der Krise in einer Spirale – als dem uralten Symbol der Seelenreise – bildhaft dargestellt.

Schlußbemerkung

Die drei Formen der Zuwendung zu Menschen in schwerer Krankheit in Krisengebieten – Begegnung im Rahmen von

Lernprozeß zur Verarbeitung von Krisen in 8 Spiralphasen – Krisenverarbeitung als gesellschaftliche Interaktion

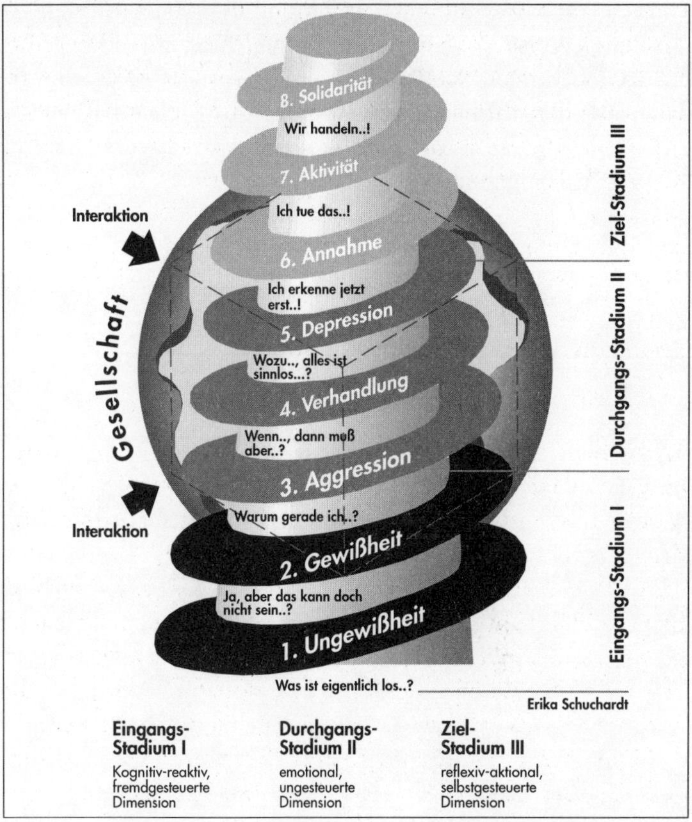

Erholungsangeboten, Bildung zur sprachlichen und kulturellen Verständigung und Begleitung in der Krisenverarbeitung im Alltag – haben sich weltweit bewährt. Sie sind auch in Weißrussland und in der Ukraine notwendig und fruchtbar, wenn sie den dortigen Verhältnissen entsprechend gestaltet werden. Diese Empfehlungen wie auch das zugrundeliegende Material, Fragebögen, Gesprächsleitfäden und Literaturstudien sind modifiziert auch auf andere

Krisensituationen in der Welt übertragbar. Internationale Organisationen wie zum Beispiel die Vereinten Nationen können auch in anderen Ländern und Notsituationen in ähnlicher Weise vorgehen. Die Empfehlungen sind begründet in lebendiger, weltweiter Verantwortung. Sie fordern dazu auf, den mühselig langen Weg der STILLEN REVOLUTION VON KINDERN VON TSCHERNOBYL mit Zuversicht und Tatkraft mitzugehen.

11. Internationale Initiativen im Katastrophengebiet

Was können in einem durch radioaktive Strahlen auf Jahrzehnte verseuchtem Gebiet persönliche Hilfen für geschädigte Kinder bewirken – so werden manche Leser skeptisch fragen. In der Tat ist es notwendig, sich zu vergegenwärtigen, was durch internationale Initiativen geschieht, um den Aktionsrahmen der hier empfohlenen Erholungs- und Lebenshilfen zu kennen.

Die verschiedenartigen Aufbauhilfen gliedern sich in:

1. Projekte der UNO-Organisationen;
2. Projekte von europäischen Institutionen;
3. Bilaterale Projekte einzelner Staaten und Länder mit Weißrussland und der Ukraine;
4. daneben eine Vielzahl privater Institutionen.

Erfreulicherweise ist im März 1994 zwischen der Bundesrepublik Deutschland und Weißrußland ein Memorandum erarbeitet und verabschiedet worden, das für die letztgenannte Gruppe 4 die politische Ausgangsbasis verbessert, aber darüber hinaus eine Brücke zur Kommunikation mit den anderen internationalen Institutionen darstellt. Es versteht sich als Memorandum für „gegenseitiges Verständnis" und hat als solches eine Vorreiterfunktion für weitere bilaterale Übereinkünfte.

1. Projekte von UNO-Organisationen

– Als Beispiel für effektive internationale Zusammenarbeit ist die WHO-Erkundungskommission zu nennen, die nach Bekanntwerden des Anstiegs von Drüsenerkrankungen bei Kindern in den verseuchten Gebieten entsandt wurde. Diagnose-Apparaturen wurden geliefert, um einen Überblick des Bedarfs an medizinischen Geräten und Medikamenten zu erhalten. Ende 1992 fand in Minsk eine internationale Konferenz über Schilddrüsenprophylaxe statt, um gezielte medizinische Hilfe vor Ort veranlassen zu können. Die Ausstattung mit medizinischen Instrumenten und Medikamenten kann jedoch den Mangel an Spezialisten und Kenntnissen, an sachlichen und organisatorischen Voraussetzungen wirksamer Therapie nicht ausgleichen.

- Im April 1992 wurde ein Abkommen zwischen der WHO und den Gesundheitsministerien Rußlands, der Ukraine und Weißrußlands über ein internationales Programm zur medizinischen Behandlung der Katastrophenfolgen geschlossen. Die Erfahrungen zur Therapie von Strahlenopfern werden gesammelt und ausgetauscht und neue wissenschaftliche Daten der Humanstrahlenbiologie erarbeitet, um sie Interessenten zugänglich zu machen. Diesem Programm der WHO, das die Regierungen von Japan und Finnland finanzieren, haben sich inzwischen weitere Länder angeschlossen.
- Im Rahmen eines Projekts „UNESCO – Tschernobyl" werden vor Ort drei Rehabilitationszentren errichtet, finanziert von gesellschaftlichen Organisationen in der Bundesrepublik Deutschland und der kanadischen Regierung.
- Die Ernährungs- und Landwirtschaftsorganisation der Vereinten Nationen (FAO) kooperiert – zusammen mit der in die UNO integrierten Internationalen Atomenergie-Behörde (IAEA) – mit dem weißrussischen Landwirtschaftsministerium in einem Projekt zur Nutzung von Substanzen, welche die radioaktive Belastung von Nahrungsmitteln senken können.

2. Projekte Europäischer Institutionen

Für diese Gruppe nenne ich exemplarisch: Die Europäische Union (EU) hat für die GUS-Staaten ein technisches Hilfsprogramm erarbeiten lasen, das den Aufbau eines Frühwarn-Systems für neuerliche Atomunfälle betrifft. Finanziert wird es von der EU-Kommission in Brüssel. Die EU-Kommission hat mit 11 belarussischen Forschungsinstitutionen die Kooperation in mehreren großen Projekten auf den Gebieten Strahlenmedizin, Radioökologie und Sofortmaßnahmen nach Kernkrafthavarien vereinbart.

3. Projekte in bilateraler Zusammenarbeit

Für diesen Typus der Aufbauhilfen nenne ich nur einige Beispiele von Institutionen aus Deutschland:

- Das Land Nordrhein-Westafeln hat die Schirmherrschaft über das Zentrum für Pädiatrische Chirurgie in Minsk übernommen und unterstützt es laufend mit medizinischen Geräten und Medikamenten.
- Das Land Niedersachsen hat unter der Schirmherrschaft der Frau des Ministerpräsidenten eine eigene Stiftung für medizinische Hilfe im Katastrophengebiet gegründet.
- Das Land Hessen hat zusammen mit der Organisation „Leben nach Tschernobyl" Gelder für den Bau eines Kinder-Rehabilitationszentrums bereit gestellt.
- Das Zentrum für Knochenmarkstransplantation der Medizinischen Hochschule Hannover errichtet in Kooperation mit dem Deutschen Roten Kreuz (DRK) eine „Außenstation in Minsk". Die Ausbildung des Personals findet vor Ort statt; deren Kosten trägt ebenso wie die Ausstattung mit Geräten und die Versorgung mit Medikamenten das Deutsche Rote Kreuz.

4. Projekte von privaten Initiativen

- Die 1992 gegründete Bundesarbeitsgemeinschaft „Den Kindern von Tschernobyl" ist ein Zusammenschluß von nahezu 200 Initiativ-Gruppen, die bundesweit ausdrücklich für die Kooperation und Koordination aller Tschernobyl-Initiativen sorgt. Das Besondere dieser Gruppe ist es, daß sie von einer starken, gleichnamigen Initiative in Minsk – der ersten Bürger-Initiative dort – angeregt wurde. Sie ermöglicht eine verstärkte Öffentlichkeitsarbeit. Die Minsker Stiftung bereitet gemeinsame internationale Kongresse vor; künftig jedes Jahr in Minsk, 1996 unter dem Motto *„10 Jahre danach – Stimmen aus Tschernobyl"*. Übrigens wird auch die IAEA 1996 eine internationale Konferenz in Wien abhalten. Diese verschiedenartigen Bemühungen werden auch den geschädigten Kindern zugute kommen. Das wird auch aus dem Katalog förderungswürdiger Projekte, den das Deutsch-Belarussische Memorandum nennt, deutlich.

- Errichtung von Kinder-Erholungszentren im eigenen Land;
- Aufbau eines Strahlenmonitorings für die Nachbarregion des Atommeilers von Ignalina;
- Unterstützung bei der Konzipierung rechtlicher Dokumente zur nuklearen Sicherheit;
- Ausbildung von Fachärzten;
- Erstellung und Ausführung von Programmen zur Messung der Strahlenbelastung;
- Mithilfe beim Aufbau eines Internationalen Forschungszentrums in Weißrußland.

Es gibt also zahlreiche hoffnungsvolle Aufbauhilfen und Ansätze zur Schadensbegrenzung. Die erkrankten Kinder bedürfen aber mit ihren Familien der menschlichen Zuwendung, die Großprojekte nicht bieten können. Wer nimmt sich der Kinder von Tschernobyl an? Diese Frage sollten sich – neben Politikern, Journalisten, Wirtschaftsführern und Wissenschaftlern – jede Bürgerin und jeder Bürger stellen. Denn die Reaktorkatastrophe von Tschernobyl ist eine Katastrophe, die die Weltgesellschaft angeht.

Die Kinder von Tschernobyl sind auch unsere Kinder.

12. Und dennoch hoffen!
Die Einheit von Wissenschaft, Politik und Moral

Unwissende und unmoralische Regierungen gab es zu allen Zeiten und in allen Ländern, und manche Potentaten waren sogar überzeugt, daß viel Wissen der Staatsmacht nur schade. Der Kaiser QING SHIHUANG, der *„Vollender"* der großen Chinesischen Mauer, ließ Wissenschaftler und Philosophen ermorden oder vertreiben und ihre Bücher verbrennen. Der siegreiche SULTAN SULEIMAN befahl, die große Bibliothek von Alexandria in Schutt und Asche zu legen, weil die Menschheit nur ein einziges Buch brauche: den Koran. Die Geschichte der Menschheit ist voll von solch machtsüchtigen Dunkelmännern – bis hin zu HITLER und STALIN. Es änderten sich Wappen, Banner, Titel und Ideologien, aber es blieben die gleichen Grundsätze einer unmoralischen Macht: Alle Mittel sind gut, die zum Erfolg führen; der stärkere bestimmt, was Recht ist.

Es gab auch Ausnahmen: z.B. den kaiserlichen Philosophen MARC AUREL, KAISER FRIEDRICH II. von Hohenstaufen und andere Könige, Päpste und Fürsten, die Literatur, Musik und bildende Kunst liebten. Doch bessere Bildung und feiner Geschmack machten nur die wenigsten Herrscher gerechter und menschlicher.

Unwissende und unmoralische Herrscher früherer Zeiten – von Troja bis Hiroshima, von den Feldzügen DSCHINGIS KHANS bis Auschwitz und Kolyma – mordeten Hunderte, Tausende, in unserem Jahrhundert gar Millionen Menschen, zerstörten Tempel und Städte, verwüsteten blühende Gebiete, löschten ganze Stämme und Völker aus.

Unwissende und unmoralische Herrscher heutzutage sind imstande, Milliarden Menschen, ja die ganze Menschheit und überhaupt alles Leben auf Erden zu vernichten.

Dennoch findet man sich auch heute ohne weiteres damit ab, daß Staatspolitik und Wissenschaft absolut verschiedene Welten sind, zwischen denen kaum eine Verständigung möglich ist. Und man glaubt, daß Menschlichkeit, Gerechtigkeit, Gewissen und Barmherzigkeit zu keiner dieser Welten gehören, daß sie vielmehr nur einzelnen Menschen oder kleineren Gemeinschaften eigen sein können, in Politik und Wissenschaft dagegen lediglich propagandistisch oder sonstwie rhetorisch verwendet werden.

Im September 1945 verfaßten ALBERT EINSTEIN und THOMAS MANN zusammen mit einigen amerikanischen Publizisten und Wissenschaftlern eine Erklärung: *„Die erste Atombombe hat nicht nur die Stadt Hiroshima zerstört; sie hat auch unsere traditionellen, längst überholten politischen Ideen endgültig vernichtet (...). Der Bestand unserer Zivilisation hängt davon ab, daß wir die Wissenschaft der menschlichen Beziehungen pflegen: die Fähigkeit von Menschen verschiedenster Art, in derselben Welt in Frieden zusammenzuleben und zusammenzuarbeiten."*

Seitdem erschienen Tausende und Abertausende geistreicher, humaner Schriften. Doch gleichzeitig wurden Hunderte und Tausende immer neuer, immer effektiverer Atombomben produziert und andere Massenvernichtungsmittel erzeugt.

Von 1958 bis 1963 versuchte ANDREJ SACHAROW vergeblich, CHRUSCHTSCHOWS Regierung zu erklären, daß weitere Atombombentests äußerst gefährlich für Mensch und Natur seien. CHRUSCHTSCHOW erwiderte darauf: „SACHAROW *darf uns nicht politisch belehren. Die Wissenschaftler sollen das tun, was ihre Sache ist; Rüstungsfragen sind staatspolitische Angelegenheit."*

Im Juli 1968 begründete SACHAROW die Notwendigkeit,

die Staatspolitik mit Wissenschaft und Moral zu vereinen, ausführlich in seinem Memorandum *„Überlegungen zu Fortschritt, friedlicher Koexistenz und intellektueller Freiheit"*.

Doch bald darauf zerstörten sowjetische Panzer den tschechoslowakischen *„Sozialismus mit menschlichem Antlitz"*, und in den nachfolgenden Jahren wüteten blutige Kämpfe in Afghanistan und Nicaragua, in Südostasien, am Persischen Golf, in Südafrika, im Libanon und anderswo; es krepieren immer neue Terroristenbomben; in Generalstäben entwerfen gelehrte Militärs ausführliche Pläne neuer großer Kriege auf der Erde und im Kosmos; und Wissenschaftler aus aller Welt, die ihren Berufstraditionen treu und ihren Regierungen gehorsam sind, entwickeln und erfinden immer vollkommenere Mittel zur Ausrottung der Menschen und zur Zerstörung der Umwelt.

Dimitrij Lichatschow, der russische Historiker und Philologe, sagte im September 1985 im Moskauer Fernsehen: *„Die Wissenschaft dringt immer aktiver in unser Leben ein und ihre stürmische Entwicklung bewirkt unser Wohlergehen wie unsere Nöte. Deswegen wird zum wichtigsten Kriterium die Ethik des Wissenschaftlers."*

Heute, nach Hiroshima und Tschernobyl, leben die Menschen in einer äußerst gefährdeten Welt, an den Ufern vergifteter Flüsse und Seen, in Städten, die in Smog und Hektik ersticken, in Ländern, die von katastrophaler Überbevölkerung und massenhaftem Hungertod bedroht sind. Deswegen ist es zu wenig, wenn die Regierungen sich hin und wieder von Wissenschaftlern beraten lassen: Nicht nur die Naturwissenschaften, sondern auch die Geisteswissenschaften – und sie möglichst ideologiefrei – müssen zur Grundlage der Staatspolitik werden.

Was bewegte Michail Gorbatschow, als er die Verbannung des Friedensnobelpreisträgers Andrey Sacharow beenden ließ? Sorgte er sich um das internationale Prestige des Staates? Erkannte er, daß für eine erfolgreiche wirtschaftliche und soziale Sanierung des Landes auch grundsätzliche Veränderungen im gesellschaftlichen Leben unumgänglich sind? Oder gab es vielleicht noch andere Gründe?

Die Reformen der Perestrojka begegnen einem nachhaltigen, zähen Widerstand nicht nur bei der privilegierten Nomenklatura. Die Erfahrungen der letzten Jahrzehnte machten die meisten Sowjetbürger mißtrauisch gegen hochgegriffene Regierungsversprechungen; sie glauben nicht, daß sie die Politik beeinflussen können, werden indifferent, seelisch müde, manchmal auch zynisch.

Doch Reformer, die ihre Versprechungen wirklich erfüllen wollen, müssen auch immer mehr Anhänger gewinnen, die an dem großen Umbau engagiert teilnehmen.

„Die erste Schwalbe bringt noch keinen Frühling", lautet ein russisches Sprichwort. Dennoch möchte man hoffen, daß das Telefongespräch 1986 zwischen SACHAROW und GORBATSCHOW, als dieser den verbannten Wissenschaftler anrief, ein sinnbildliches Vorzeichen war.

Vielleicht wird doch endlich aus allen Erfahrungen der tragischen Geschichte Rußlands, aus den Erfahrungen der zerstörten Hoffnungen und Illusionen und der unzerstörbaren Träume die Einheit von Wissenschaft, Politik und Moral entstehen. Die Politik muß wissenschaftlich und moralisch, die Wissenschaft moralisch und politisch werden und nicht nur in der Sowjetunion, sondern in allen Ländern. Das allein kann das Leben auf der Erde erhalten.

LEW KOPELEW

13. Gemeinsames Nachwort der Botschafter von Weißrußland, der Ukraine und Deutschland

Der 26. April 1986 ist ein schreckliches Datum: Der Tag, an dem die Katastrophe von Tschernobyl begann. Der 26. April 1986 bedeutet aber auch noch etwas anderes, etwas unendlich Gutes: Dieser Tag löste eine Bewegung außerordentlich tatkräftiger Solidarität mit den Opfern der Katastrophe aus. Unzählige deutsche Bürger, Gruppen von Bürgern, Gemeinden, ja Bundesländer stellen seitdem ihre tatkräftige Unterstützung unter Beweis, mit den Opfern bei der Bewältigung der Katastrophe zusammenzuarbeiten.

Es ist verständlich, daß sich Solidarität und Hilfe zunächst vor allem denjenigen Opfern zuwenden, die sich am wenigsten selbst helfen können: den Kindern. Und so wurden Tausende von Tschernobyl-Kinder nach Deutschland eingeladen, lebten in Familien, spielten mit ihren Altersgenossen, tollten im grünen Gras, erholten sich einige Wochen unbeschwert von der psychischen Last des Lebens in ihrer radioaktiv verpesteten Heimat.

Es ist geradezu absurd, daß gewisse Kreise die Einladung von Kindern mit dem Argument zu unterbinden suchen, die Kinder seien nach der Rückkehr in ihre Heimat einem „Kulturschock ausgesetzt, der zu einer Beschädigung ihrer Seele führe. Vermutlich ist es manchen Leuten nicht recht, daß die Kinder mit einem anderen, positiven Bild vom Leben in Deutschland und von den Deutschen zurückkommen als es eine politische Propaganda über lange Jahre zeichnete. Aber es ist müßig über die Motive der Widersacher zu spekulieren, sie sind sicher vielfältigerer Art.

Wir, die Botschafter, haben aber nicht den Eindruck gewonnen, als hätten die Kinder nach der Rückkehr in ihre Heimat einen für sie nicht verkraftbaren „Kulturschock" erlitten. Aber das war bisher nur der „Eindruck" von Diplomaten, den sie im einzelnen nicht belegen konnten. Es ist deshalb von großem Nutzen und außerordentlich wichtig, daß diese Studie von Prof. Dr. ERIKA SCHUCHARDT erarbeitet wurde, die die Kulturschockbehauptung anhand von hunderten von Beispielen überzeugend widerlegt. Wir haben auf diese Dokumentation der *Stimmen aus Tschernobyl* schon lange gewartet, wir brauchen sie und werden sie weltweit verbreiten.

Allein die Bezeichnung „Kulturschock" ist ja schon schief und zeigt, wie schlampig die Widersacher arbeiten. Wenn, dann müßte man wohl eher von einem „Zivilisations-Schock" sprechen, wenn auch gleichfalls unzutreffend.

Wohlgemerkt, wir wollen hier nicht behaupten, daß sich die Kinder nur im Ausland erholen sollten, das wäre unvernünftig. Ebenso wichtig ist es, daß in der Republik Belarußland und in der Ukraine selbst Zentren entstehen, in denen sich Kinder erholen können, so wie etwa das Zentrum Nadeschda („Hoffnung") bei Minsk und andere Initiativen rund ums Kind. Die Folgen der Katastrophe von Tschernobyl sind zu schrecklich, als man bei der Zusammenarbeit zur Überwindung ihrer Folgen auch nur irgendeine Möglichkeit ungenutzt lassen darf.

Tschernobyl hat in Deutschland eine breite Bewegung der Solidarität, der Hilfe und Zusammenarbeit, der menschlichen Kontakte, gegenseitigen Verständnisses, ja der Freundschaft entstehen lassen. Der Elan läßt nicht nach. Die Stärke der Bewegung nimmt eher noch weiter zu. Darum trifft ERIKA SCHUCHARDTs Aussage zu: *„Die stille Revolution der Kinder von Tschernobyl."* So ist an der Basis der Völker eine mächtige Friedensbewegung entstanden. Die Basis der Völker verwirklicht bereits das, was sich die

Regierungen zum langfristigen Ziel gesetzt haben: Gute Nachbarschaft, Zusammenarbeit, gegenseitiges Verständnis, Versöhnung, Freundschaft.

ALEXANDER RUCHLIJA
Gesandter der Republik Belarußland in der Bundesrepublik Deutschland

YURIY KOSTENKO
Botschafter der Ukraine in der Bundesrepublik Deutschland

GOTTFRIED ALBRECHT
Botschafter der Bundesrepublik Deutschland in der Republik Belarußland

DR. ALEXANDER ARNOT
Botschafter der Bundesrepublik Deutschland in der Ukraine

14. Weiterführende Literatur zur Thematik

Vertiefende Fachliteratur

BECK, ULRICH: *Der anthropologische Schock. Tschernobyl und die Konturen der Risikogesellschaft* (Der schwarze Kahn 1). Bern 1988.

BECK, ULRICH: *Risikogesellschaft – Die organisierte Unverantwortlichkeit* (Aulavorträge – Hochschule St. Gallen für Wirtschafts-, Rechts- und Sozialwissenschaften). St. Gallen 1989.

BECK, ULRICH: *Von der Industriegesellschaft zur Risikogesellschaft.* In: Umbrüche in der Industrie-gesellschaft – Studien zur Geschichte und Politik, Bd. 284. Bonn 1990.

BIERMANN, GERD/BIERMANN, RENATE: *Die Kinder von Tschernobyl. Hoffnung durch Hilfe.* Geleitwort v. JUNGK, ROBERT. München 1993.

BOEHNKE; KLAUS (Hrsg.): Leben unter atomarer Bedrohung: Ergebnisse internationaler psychologischer Forschung. Heidelberg 1989

BULGAKOW, A. A./LENGFELDER, E.: *Aspekte der medizinischen und sozialen Folgen der Tschernobyl-Katastrophe in der Ukraine.* In: LENGFELDER, E./WENDHAUSEN, H. (Hrsg.), Neue Bewertung des Strahlenrisikos, S. 231–236. München 1993.

CHU, VIKTOR: *Krisenzeit. Nach Tschernobyl: Meditationen eines Psychotherapeuten.* Köln 1991.

GUBAREW, WLADIMIR: *Arsamas – 16. Wissenschaftler der geheimen russischen Atomstadt brechen das Schweigen.* Berlin 1992.

HESSE-HONEGGER, CORNELIA: *Nach Tschernobyl. Katalog zur Triennale Mailand 92* ((Dt., Ital., Franz., Engl.). Vorwort v. THOMPSON, WILLIAM I. Mit Beiträgen v. DAVIS, JOAN S./HESSE-HONEGGER, CORNELIA. BUNDESAMT FÜR KULTUR, BERN (Hrsg.). Ennetbaden (CH) 1992.

INTERNATIONAL ATOMIC ENERGY AGENCY: *IAEA Bulletin. Quarterly Journal of the IAEA.* Vienna, Austria.

INTERNATIONAL COMMISSION ON RADIOLOGICAL PROTECTION: Empfehlungen der internationalen Strahlenschutzkommission 1990/ dt. Ausg. hrsg. vom Bundesamt für Strahlenschutz der Bundesrepublik Deutschland. Stuttgart, Jena, New York 1993.

JAROSHINSKAJA, ALLA: *Verschlußsache Tschernobyl. Die geheimen Dokumente aus dem Kreml.* Berlin 1994.

JEMELJANENKOW, ALEXANDER/POPOW, WLADIMIR: *Atom ohne Geheimnis. Eine Dokumentation zum Nuklearkomplex der GUS und Rußlands.* Moskau, Berlin 1992.

KAFKA, PETER/KÖNIG, JÜRGEN/LIMMER, WOLFGANG: *Tschernobyl – Die Informationslüge. Anleitung zum Volkszorn.* München 1986.

KÖSTER, BARBARA/RENDTORFF, BARBARA/STEINHILBER-SCHWAB, BARBARA: *Frauen – Ein Jahr nach Tschernobyl. Eine kritische Dokumentation der Diskussionen und Aktionen von Frauen nach Tschernobyl.* (Sozialwiss. Forschung u. Bildung für Frauen). Frankfurt a.M. 1987.

KRAUSE, PETER, *Feuer in Tschernobyl. Die Ukraine nach dem Super-GAU.* Flensburg 1994.

MAIER-LEIBNITZ, HEINZ: *Lernschock Tschernobyl.* (Texte und Thesen 191). Zürich 1986.

MASLOW, ABRAHAM HAROLD: *Psychologie des Seins. Ein Entwurf.* München ²1978.

MEDWEDEW, GRIGORI: *Verbrannte Seelen. Die nukleare Katastrophe von Tschernobyl.* Mit Beiträgen v. RUGE, GERD/SACHAROW, ANDREJ D. Aus d. Russ. v. BENDZKO, RALF. München 1991.

MEDWEDJEW, ZHORES: *Das Vermächtnis von Tschernobyl.* Münster 1991.

MOLTMANN, BERNHARD/SAHM, ASTRID/SAPPER, MANFRED: *Herausforderungen und Auswege. Die Folgen von Tschernobyl.* (Arnoldstainer Texte 83). Frankfurt/M. 1994.

MÜLLER, FRIEDEMANN (Hrsg.): *Rußlands Ernergiepolitik – Herausforderung für Europa.* Baden-Baden 1992.

PETERSON, D. J.: *Troubled Lands. The Legacy of Soviet Environmental Destruction.* Boulder etc. (Westview Press) 1993.

PETRI, HORST: *Umweltzerstörung und die seelische Entwicklung unserer Kinder.* Zürich 1992.

ROSENKRANZ, G./MEICHSNER, I./KRIENER, M.: *Die neue Offensive der Atomwirtschaft – Treibhauseffekt, Sicherheitsdiskussion, Markt im Osten.* München 1992.

Sahm, Astrid: *Die Auswirkungen der Reaktorkatastrophe von Tschernobyl in der Republik Belarus, der Russischen Föderation und der Ukraine* (Untersuchungen aus der FKKS, Nr. 5). Frankfurt/M. 1993.

Schlootz, Johannes von (Hrsg.): *Wir sind noch einmal davongekommen? Tschernobyl – 4 Jahre danach. Berichte aus Medizin, Chemie, Physik, Geologie, Meteorologie, Psychologie und Politkwissenschaft.* Berlin 1991.

Stewart, J. Massey (Hrsg.): *The Soviet environment: problems, policies and politics.* Cambridge (Cambridge University Press) 1992.

Stscherbak, Jurij: *Tschernobyl. Dokumentarische Erzählung.* Aus dem Russ. v. Köppe, Wolfgang/Plackmeyer, Wilhelm. Berlin 1991.

Thimm, Klaus: Tendenzwende!? *Kernergiedebatte und Kernenergieakzeptanz in Schweden und Deutschland nach Tschernobyl.* Bearb. v. Führmann, Gudrun. Erlangen 1992.

Thurn, Valentin/Clasen, Bernhard (Hrsg.): *Klassenfeind Natur. Die Umweltkatastrophe in Ost-europa.* Gießen 1992.

Traube, Klaus et al.: *Nach dem Super-Gau. Tschernobyl und die Konsequenzen.* (rororo – aktuell 5291). Reinbek bei Hamburg 1986.

Tschernousenko, Wladimir M.: *Tschernobyl – Die Wahrheit.* Reinbek b. Hamburg 1992.

Wirth, Hans J. (Hrsg.): *Nach Tschernobyl. Regiert wieder das Vergessen?* Mit Beiträgen v. Richter, Horst/Anders, Günter. (Fischer TB 4293). Frankfurt/M. [2]1994.

Worobjow, A. I./Gogin, J. J.: *Tschernobyl. Die Folgen eines Supergaus.* Aus dem Russ. v. Bohlen, Irene. München 1993.

Wosnessenskaja, Julia: *Der Stern von Tschernobyl. Schicksal einer Familie.* Illustriert v. Mühlbauer, Rita. Aus dem Russ. v. Pross-Weerth, Heddy. München 1986.

Zischka, Anton: *Tschernobyl kein Zufall. Sowjetwirtschaft und die Fehler des Westens.* München 1987.

Zydek, Franziska/Crivelli, Giosanna: *Menschen in Tschernobyl.* Gümlingen (CH) 1990.

Literatur der Verfasserin

SCHUCHARDT, ERIKA: *Biographische Erfahrung und wissenschaftliche Theorie.* Studien zur Integrations-Pädagogik (Soziale Integration Band 1). Mit Bibliographie seit 1900 der Biographien von Menschen in Krisen wie Krankheit, Behinderung, Sterben und Tod, Partnerverlust; alphabetisch–gegliedert–annotiert, 52 S. Reihe: Theorie und Praxis der Erwachsenenbildung. Klinkhardt Verlag, Bad Heilbrunn 1980, 5. durchges. u. maßgeblich erweiterte Auflage 1993, 225 S.

SCHUCHARDT, ERIKA: *Weiterbildung als Krisenverarbeitung.* Beiträge zur Integrations-Andragogik (Soziale Integration Band 2). Mit Bibliographie seit 1900 zur Verarbeitung von Krisen wie Krankheit, Behinderung, Sucht, Sterben, Tod; gegliedert–annotiert, 35 S. Reihe: Theorie und Praxis der Erwachsenenbildung. Klinkhardt Verlag, Bad Heilbrunn 1980, 5. durchges. u. maßgebl. erw. Auflage 1993, 231 S.

SCHUCHARDT, ERIKA: *Warum gerade ich ...? Leben lernen in Krisen.* Mit Bibliographie der über 1000 Lebensgeschichten seit 1900 bis zur Gegenwart, alphabetisch, gegliedert und annotiert. Gemeinsames Geleitwort der Generalsekretäre K. RAISER, Weltkirchenrat, und G. STAALSETT, Luth. Weltbund. (1.–6. Aufl.: Burckhardthaus-Laetare Vlg. Offenbach 1981 ff.; 7. Aufl.: Vandenhoeck&Ruprecht Verlag Göttingen 1993); 9. erweiterte u. durchgesehene Auflage Vandenhoeck&Ruprecht Verlag Göttingen 1996, 336 S. mit 12 Abb. Übertragung in Blindenpunktschrift und auf Hörkassette. Übersetzungen in mehrere Sprachen. Ausgezeichnet mit Literaturpreis.

Amerikanische Übersetzung:

SCHUCHARDT, ERIKA: *Why Is This Happening to Me? Guidance and Hope for Those Who Suffer.* (Translated by KAREN LEUBE). Augsburg, Minneapolis 1989, 208 pp.

SCHUCHARDT, ERIKA: *Jede Krise ist ein neuer Anfang.* Aus Lebensgeschichten lernen. Betroffene unserer Zeit berichten im Rahmen des Biographien-Aufrufs „Wir über uns". Mit Beiträgen von HANS-BERNHARD KAUFMANN, MARLIES WINKELHEIDE u.a. Veröffentlichung des Comenius-Instituts. Patmos Verlag, Düsseldorf 1984, ³1993, 204 S. Übertragung in Blindenpunktschriftdruck. Übersetzungen in mehrere Sprachen. Ausgezeichnet mit dem AWMM-Buchpreis.

SCHUCHARDT, ERIKA: *Krise als Lernchance.* Analyse von Lebensgeschichten unserer Zeit. Wissenschaftliche Begleitforschung zum Biographien-Aufruf. Mit einer Einführung von HORST SIEBERT. Veröffentlichung des Comenius-Instituts. Patmos Verlag, Düsseldorf 1985, 202 S.

SCHUCHARDT, ERIKA: *Internationale Dekade der Behinderten 1982–1993*. In: Internationales Jahrbuch der Erwachsenenbildung. International Year-Book of Adult Education. L'anné internationale l'éducation des adultes. HANS JOACHIM KNOLL (Hrsg.). Köln 1984, S. 100–132.

SCHUCHARDT, ERIKA: *Equality – Women and Disability*. JUNIC/NGO Series on Women and Development. Genf 1984. Übersetzungen ins Französische und Spanische. Neuauflage: Zed Books Ltd. London/New Jersey 1991.

SCHUCHARDT, ERIKA: *Erwachsenenbildung/Weiterbildung mit behinderten und nichtbehinderten Menschen*. In: Handbuch der Erwachsenenbildung, Bd. 7: Didaktik der Erwachsenenbildung. FRANZ PÖGGELER; HANS RAAPKE; WOLFGANG SCHULENBERG (Hrsg.), Stuttgart 1985, S. 298–317.

SCHUCHARDT, ERIKA: *Schritte aufeinander zu. Soziale Integration durch Weiterbildung*. Zur Situation in der Bundesrepublik Deutschland. Forschungsauftrag des Bundesministeriums für Bildung und Wissenschaft. Bad Heilbrunn 1987, 380 S.

SCHUCHARDT, ERIKA: *Wechselseitiges Lernen – Wissenschaftliches Kolloquium Weiterbildung*. Dokumentation des BMBW-Kolloquiums und der Ausstellung. Schriftenreihe des Bundesministeriums für Bildung und Wissenschaft: Studien Band 58. Bonn 1988, 136 S.

SCHUCHARDT, ERIKA: *Halbzeit der UNO-Dekade – Wende zu einer integrativen Erwachsenenbildung bzw. Weiterbildung*. In: *Handbuch der Integrationspädagogik. Behinderte und Nichtbehinderte lernen gemeinsam*. HANS EBERWEIN (Hrsg.), Beltz Verlag, Weinheim und Basel 1988, 2. erw. Aufl. 1993, S. 160–170.

SCHUCHARDT, ERIKA: *Unterrichtswerk: Menschen mit Behinderungen – Menschen wie jeder andere auch*. In: *Jeder ist ein Teil des Ganzen*. Der alte, der behinderte, der kranke Mensch. Unterrichtseinheiten der Bundeszentrale für Gesundheitliche Aufklärung im Auftrage des Bundesministers für Familie, Frauen, Jugend und Gesundheit. HORST RUPRECHT; ERIKA SCHUCHARDT; WOLFGANG SCHÜTTE (Hrsg.), Klett-Verlag, Stuttgart 1988.

SCHUCHARDT, ERIKA: *Approaching Each Other – Social Integration Through Further Education.* In: Education. Edited by the Institute for Scientific Co-Operation. Vol. 38, pp. 29–50. Tübingen 1988.

SCHUCHARDT, ERIKA: *Coping with Failure, ‚Why me ...?'. Opportunities for Learning to Live.* In: Concilium. Revue Internationale de Theologie. 26. Jg., H.5, S. 81–104. 1990.

SCHUCHARDT, ERIKA: *Vom Gesundsein der Kranken.* In: Was macht den Menschen krank? 18 kritische Analysen. Internationaler Kongreß „Gesundsein in eigener Verantwortung". IVAN ILLICH, KLAUS YORK, BERNHARD KAUFMANN, ROCQUE LOBO, ERIKA SCHUCHARDT (Hrsg.), Birkhäuser Verlag, Basel, Boston, Berlin 1991, 247 S.

SCHUCHARDT, ERIKA: *Anfragen der Erziehungswissenschaft an die Hospizbewegung.* In: Dokumentation der Tagung *„Hospiz".* Diakonisches Werk der EKD (Hrsg.), Stuttgart 1992.

SCHUCHARDT, ERIKA: *Erwachsenenbildung und Theologie in Lebenslauf- und Lebensbruchkrisen.* In: Theologische Quartalsschrift 174. Jg., H.2. Tübingen 1994.

SCHUCHARDT, ERIKA: *Von Krisen Betroffene – Auf dem Weg zur Integrations-Pädagogik/Andragogik.* In: Handbuch der Erwachsenenbildung. RUDOLF TIPPELT (Hrsg.), Leske-Verlag, Leverkusen 1994.

SCHUCHARDT, ERIKA: *Vom Modellversuch zum Bundesgesetz „Freiwilliges Ökologisches Jahr".* Forschungsdokumentation der bundesweiten Modellentwicklung. Forschungsauftrag des Bundesministeriums für Frauen und Jugend. Hannover 1994.

SCHUCHARDT, ERIKA: *Leben und sterben lernen im Spiegel von über 1000 Lebensgeschichten der Weltliteratur.* In: Quartalsschrift für Erwachsenenbildung, 40. Jg., H.3, 1994.

SCHUCHARDT, ERIKA: *Integration: Zauberformel oder Theorie eines pädagogischen Weges.* In: *Handbuch Integration und Ausgrenzung.* EDUARD ZWIERLEIN *(Hrsg.), Luchterhand Verlag, Neuwied 1995.*

SCHUCHARDT, ERIKA: *Eine Idee lebt weiter: Hannoversche-Messe-Aktionen als Brücke.* In: Festschrift – Chronik zum 150jährigen Jubiläums des Landesbildungszentrums für Blinde. Hannover 1995.

SCHUCHARDT, ERIKA: *Du wirst damit leben lernen – Gespräche über kritische Lebensereignisse.* In Zusammenarbeit mit IRENA PREKOP. Quell-Verlag, Stuttgart 1996. i.V.

Schuchardt, Erika: *Darüber habe ich eigentlich noch nie nachgedacht …!* Kritische Lebensereignisse im Kinder- und Jugendbuch. Göttingen 1996 i.V.
Schuchardt, Erika: *Weil Du nicht geflohen bist vor unserer Todes-Angst. Tagebuch einer wechselseitigen Begleitung zum „Leben“*. Göttingen 1996. i.V.

15. Forschungsinstrumentarium, Memorandum – Anstoß zur eigenen Weiterarbeit

Forschungsinstrumentarium:

Abdruck der *deutschsprachigen Fragebögen.*
- Kinderfragebögen
- Gastfamilienfragebögen
- Reise-Gastfamilienfragebögen
- Herkunftsfamilienfragebögen

Abdruck der *russischsprachigen* Fragebögen.
- **Memorandum of Understanding** zwischen der Regierung der Bundesrepublik Deutschland und der Republik Belaruß zur Förderung der Zusammenarbeit bei der Linderung der Folgen des Kernreaktorunfalls (Tschernobyl-Hilfe) vom 3. März 1994.
- **Medienberichte** zur Forschungsarbeit.
- **Medienverzeichnis** zur Öffentlichkeitsarbeit.

Die Berichte, Verzeichnisse und russisch-sprachigen Fragebögen sind bei der Verfasserin abrufbar:
Prof. Dr. Erika Schuchardt
D-30173 Hannover
Universität Hannover
Bismarckstr.2
☎ +49 (0511) 762–8512
☎ +49 (0511) 762–8565
✉ +49 (0511) 762–8555

Kinder-Befragung zur UN-Tschernobyl-Studie

„Ich erzähle Dir von mir ...!" Was antwortest Du Deinem deutschen Freund, wenn er Dich fragt:

1. Weißt Du, warum die deutsche Familie für Dich Erholungsurlaub organisiert?

   ____

   ____

2. Woran denkst Du, wenn Du „Tschernobyl" hörst? Erinnerst Du Dich ..?

   ____

   ____

3. Hat sich durch diesen Unfall etwas für Dich verändert?
   – in Deinem persönlichen Leben, z. B.: ______________

   ____

   ____

   – in Eurer Familie, z. B.: ______________

   ____

   ____

   – in Deinem Freundeskreis, z. B.: ______________

   ____

   ____

4. Wie hast Du die deutsche Familie erlebt?
   – mir hat gut gefallen, z. B.: ______________
   – mir hat gar nicht gefallen, z. B.: ______________

   ____

   – das möchte ich auch bei uns so machen, z. B.: ______

   ____

5. Wenn Du drei Wünsche äußern dürftest. welche sollten das sein
   1) ______________________________

   ____

   2) ______________________________

   ____

   3) ______________________________

   ____

6. Möchtest Du noch etwas erzählen?______________

   ____

   ____

   ____

   ____

   ____

   ____

   ____

   ____

7. Dein Name: ______________ Geb.-Datum: ________

   Alter: ______ Geschlecht: weibl.: _____ männl.: _____

   Geschwisterzahl: ____ Beruf des Vaters: __________
   ______________ der Mutter: ______________

   Deine Schulbildung: ______________________
   Wohnort/Land: __________________________
   Umgesiedelt: ___________________________

Falls Dir der Platz nicht ausreicht, bitte auf der Rückseite – unter der Angabe der Fragenummer – fortsetzen.

Danke für Deine Mitarbeit! Erika Schuchardt

Gastfamilien-Befragung zur UN-Tschernobyl-Studie

Liebe Familie! Vermutlich kennen Sie die Presseaussagen belarussischer Politiker: „Kindererholung in Deutschland wirke sich eher nachteilig aus", darum bitten wir Sie um Ihre persönlichen Erfahrungen

1. Du (Sie) bist (sind) Gastgeschwister (Gasteltern) für ein Kind aus Tschernobyl.
   Ist dadurch für Dich (Sie) etwas anders als vorher?
   ja ______ /nein ______, wenn ja, was z. B.: ____________

   ____

   ____

2. Warum hast (haben) Du (Sie) ein Kind aus Tschernobyl aufgenommen?

   ____

   ____

   ____

3. Hast (Haben) Du (Sie) etwas davon erwartet?
   ja ______ /nein ______, wenn ja, was z. B.: ____________

   ____

   ____

4. Hat es für Dich (Sie) Probleme gegeben?
   ja ______ /nein ______, wenn ja, welche z. B.: __________

   ____

   ____

5. Hat es für Dich (Sie) etwas Gutes gebracht?
   ja ______ /nein ______, wenn ja, was z. B.: ____________

   ____

   ____

6. Welche Verbesserungen hättest (hätten) Du (Sie) vorzuschlagen? ja ____/nein ____, wenn ja, welche z. B.

____

7. Würdest (Würden) Du (Sie) wieder ein Kind aufnehmen? ja ____/nein ____

8. Hast (Haben) Du (Sie) auch Freunde zur Aufnahme eines Kindes anregen können? ja _____/nein _____

9. Möchtest (Möchten) Du (Sie) die Familie im Herkunftsland besuchen? ja _____/nein _____; wenn ja, wäre etwas dazu nötig, z. B.: ______________________

____

10. Viele Menschen reden heute von „vor" und „nach" Tschernobyl. Hat sich für Dich (Sie) seit dem Zusammenleben mit Kindern aus Tschernobyl etwas verändert? ja _____/nein _____; wenn ja, was z. B.:
   - in meinem persönlichen Leben, z. B.: ____________

   ____

   - in unserer Familie, z. B.: ____________________

   ____

   - in der Schule / am Arbeitsplatz, z. B.: __________

   ____

   - im Freundeskreis, z. B.: ______________________

   ____

11. Name: ________________________ Kinderzahl: ____

   Beruf u. Jg. des Vaters ________________________

   der Mutter ____________________________________

   Wohnort/Land: __________ aktives Mitglied in: _____

   ____

Falls Dir (Ihnen) der Platz nicht ausreicht, bitte auf der Rückseite – unter der Angabe der Fragenummer – fortsetzen.

Danke für Deine (Ihre) Mitarbeit! Erika Schuchardt

Reise- Gastfamilienbefragung zur UN-Tschernobyl-Studie

Liebe Mitstreiter für unsere Tschernobyl-Brücke! Bitte teilen Sie mit uns Ihre Erfahrungen, erzählen Sie von Ihren Erlebnissen, damit wir den gemeinsamen Brückenbau zukünftig stärken und ausbauen können.

1. Das alles habe ich erst durch die Presse erfahren:

2. Das hat sich bei mir bestätigt:

3. Das kam für mich unerwartet:

Falls Dir (Ihnen) der Platz nicht ausreicht, bitte auf der Rückseite – unter der Angabe der Fragenummer – fortsetzen.

Danke für Deine (Ihre) Mitarbeit! Erika Schuchardt

Hinweis für die Interviewer der Herkunftsfamilien!

Bitte teilen Sie den Eltern die Absicht der Befragung mit, z. B.:

In der Presse in Deutschland sind in letzter Zeit mehrfach Äußerungen belorussischer Politiker veröffentlicht worden, die besagen, daß die Kinderverschickungen eher schädlich für die Kinder als gesundheitsfördernd sind.

Uns interessiert Ihre Meinung und Ihre eigene Erfahrung. Deshalb bitten wir Sie um das Ausfüllen der Fragebögen.

Danke für Ihre Mitarbeit!
Erika Schuchardt

Herkunftsfamilien-Befragung zur UN-Tschernobyl-Studie

1. Viele Menschen reden heute von „vor“ und „nach“ Tschernobyl. Hat sich für Dich (Sie) etwas verändert?
ja ____ /nein ____ wenn ja, was z. B.:
– in meinem persönlichen Leben, z. B.: ____________

____

– in unserer Familie, z. B.: ____________

____

– in der Schule / am Arbeitsplatz, z. B.: ____________

____

– im Freundeskreis, z. B.: ____________

____

– in meiner Lebensplanung, z. B.: ____________

____

sonstiges: ____________

____

2. Haben die gegenwärtigen Probleme die von Tschernobyl verdrängt? ____________

____

3. Jeder Mensch verarbeitet eine solche Situation anders, wie reagierst (reagieren) Du (Sie)?
– Ich bin geblieben wie ich war, z. B.: ____________

____

Ich bin ungeduldiger, aggressiver geworden z. B.:

____

– Ich bin ausgeglichener und verantwortungsbewußter geworden, z. B.: ____________

____

– Ich bin hoffnungsloser, mutloser geworden, z. B.:

____

– Ich bin unbelastet von all diesen Problemen, z. B.:

____

4a. Gibt es Dinge, die Dich (Sie) gegenwärtig stark belasten, etwas, wovor Du (Sie) Angst hast? (haben)?

ja ____ / nein ____;

wenn ja, wovor, z. B.: ______________________

4b. Gibt es Hoffnungen, an die Du (Sie) glauben kannst, (können) etwas, auf das Du (Sie) Dich freust? (sich freuen)?

ja ____ / nein ____;

wenn ja, worauf, z. B.: ______________________

5. Bist (Sind) Du (Sie) ausreichend über die Folgen des GAU's informiert worden? ja ____ / nein ____;

wenn nein, warum z. B.: ______________________

____

– der Staat wollte nicht informieren, z. B.: ________

____

– die Wissenschaftler hatten noch keine ausreichenden Informationen, z. B.: ______________________

____

– es fehlten die spezifischen Informationsstrukturen, z. B.: ______________________________

____

6. Hast (Haben) Du (Sie) in dieser Zeit Hilfe erfahren? ja ____ / nein____

wenn ja, was hat Dir (Ihnen) am meisten geholfen?

– unser Familienzusammenhalt, z. B.:

____

– unsere Beziehungen zu Freunden und Kollegen, z. B.:

____

– Hilfe aus dem eigenen Land,

durch Staat, ja ____ / nein ____, z. B.: ______________

____

durch Kirche, ja ____ / nein ____, z. B.: ______________

____

durch Bürgerinitiativen, ja ____ / nein ____, z. B.: ____

____

– Hilfe aus dem Ausland,

durch Staat, ja ____ / nein ____, z. B.: ______________

____

durch Kirche, ja ____ / nein ____, z. B.: ______________

____

durch Bürgerinitiativen, ja ____ / nein ____, z. B.: ____

____

7 a. Stellt sich für Dich (Sie) die Umsiedlungsfrage?

ja ____ / nein ____ ; wenn ja,

stellt sie sich an 1. Stelle? ja ____ / nein ____

7 b. Unter welchen Voraussetzungen bist (sind) Du (Sie) zur Umsiedlung bereit?

– medizinische Versorgung, z. B.: ______________

____

– Wohnung, z. B.: ______________________

____

– Arbeit, z. B.: ______________________________

____

– Ausbildung, z. B.: __________________________

____

– Nachbarschaft, Freundschaft, z. B.: __________

____

– sonstiges, z. B.: ___________________________

____

____

7c. Glaubst (Glauben) Du (Sie) zur Erleichterung der Umsiedlung selbst etwas beitragen zu können?
ja ___ / nein ___

wenn ja, z. B.: _______________________________

____

7d. Erwartest (Erwarten) Du (Sie) etwas von Nachbarn/Freunden?

ja ___ / nein ___; wenn ja, z. B.:

– vom eigenen Land,

durch Staat, ja ___ / nein ___, z. B.: __________

____

durch Kirche, ja ___ / nein ___, z. B.: _________

____

durch Bürgerinitiativen, ja ___ / nein ___, z. B.: ___

____

– vom Ausland,

durch Staat, ja ___ / nein ___, z. B.: __________

____

durch Kirche, ja ____ / nein ____, z. B.: ____________

____

durch Bürgerinitiativen, ja ____ / nein ____, z. B.: ____

____

8a. Gab es ein Familienmitglied, das bereits vorher Auslandserholung erlebt hatte? ja ____ / nein ____

Wo: ______________ Warum: ________________

8b. Hat die Auslandsreise zu Problemen geführt?

ja ____ / nein ____

wenn ja, zu welchen Problemen?

– *vor* der Reise, z. B.: ____________________

____

– *während* der Reise, z. B.: ________________

____

– *nach* der Reise, z. B.: ____________________

8c. Hat die Auslandsreise etwas Gutes bewirkt?

ja ____ / nein ____

– wenn ja, für Dich (Sie), z.. B.: ______________

____

– für Deine (Ihre) Familie, z. B.: ______________

____

– für Deine (Ihre) Freunde/Bekannten, z. B.: ________

____

9a. Wie beurteilst (beurteilen) Du (Sie) Urlaubsreisen?

– Sie richten eher Schaden an, z. B.: ___________

____

– Sie sind eine große Hilfe, z. B.: _____________

____

– Es sollten sowohl ausländische als auch Projekte im eigenen Land gefördert werden.

ja ____ / nein ____

– Besser sollte humanitäre Hilfe nicht für Auslandsreisen sondern *nur* für Projekte im eigenen Land verwendet werden. ja ____ / nein ____

9b. Welche Verbesserungsvorschläge hättest (hätten) Du (Sie) für Auslandsreisen? ____________________

____

____

10a. Möchtest (Möchten) Du (Sie) die ausländischen Gasteltern zu Dir (Ihnen) nach Hause einladen?

ja ____ / nein ____

10b. Wenn ja, sollten sie in Deiner (Ihrer) Familie wohnen?

ja ____ / nein ____

wenn ja, braucht Deine (Ihre) Familie eine Unterstützung, z. B.: ____________________

____

10c. oder wäre ein gemeinsames Treffen an einem anderen Ort, z. B. in einem Heim, besser? ja ____ nein ____

11a. Ist ein Familienmitglied oft oder über längere Zeit erkrankt? ja ____ nein ____

11b. Wenn ja, ist ausreichende medizinische Versorgung vorhanden? ja ____ nein ____

wenn nein, z. B.:

– zu wenig ärztliche Betreuung? ja ____ nein ____

– zu wenig Medikamente? ja ____ nein ____

– zu wenig medizinische Behandlungsmöglichkeiten? ja ____ nein ____

11c. Fehlt es an anderen Hilfen, z. B.:

– materielle Hilfe ____________________

____

– psychologische Hilfe ____________________

____

– geistliche Hilfe ____________________

____

12. Ist religiöser Glaube für Dich (Sie) wichtig geworden?

ja ____ / nein ____

wenn ja, wie erlebst Du (Sie) das?

z. B.: ____________________

____

____

wenn nein, welche anderen Werte sind für Dich (Sie) wichtig? ja ____ / nein ____

wenn ja, welche? z. B.: ____________________

____

13a. Kannst (Können) Du (Sie) selbst etwas zur Verbesserung der Situation Deiner (Ihrer) Familie oder anderer nahestehender Personen tun?

– allein? ja ____ / nein ____

– gemeinsam mit anderen? ja ____ / nein ____

13b. Wenn ja, was käme für Dich (Sie) in Frage?

z. B.: ____________________

____

Hast (Haben) Du (Sie) damit schon beginnen können?

ja ____ / nein ____

z. B.: ______________________________

____

13c. Was würdest (würden) Du (Sie) gern in Zukunft tun?

z. B.: ______________________________

14. Wenn Du (Sie) drei Wünsche äußern dürftest, welche sollten das sein?

1. ______________________________

2. ______________________________

3. ______________________________

15. Name: ______________________________

Geb.-Datum: ______________________________

Alter: __________ Geschlecht: weibl. ____ männl. ____

Geschwisterzahl: __________ (Kinderzahl __________)

Beruf des Vaters: ______________________________

Beruf der Mutter: ______________________________

Wohnort/Land: ______________________________

Schulbildung Vater: ______________________________

Berufsausbildung Vater: ______________________________

Schulbildung Mutter: ______________________________

Berufsausbildung Mutter: ______________________________

Falls Dir (Ihnen) der Platz nicht ausreicht, bitte auf der Rückseite – unter der Angabe der Fragenummer – fortsetzen.

Danke für Deine (Ihre) Mitarbeit! Erika Schuchardt

Memorandum of Understanding

zwischen der Regierung der Bundesrepublik Deutschland und der Regierung der Republik Belarus zur Förderung der Zusammenarbeit bei der Linderung der Folgen des Kernreaktorunfalls von Tschernobyl (Tschernobyl-Hilfe)

Die Regierung der Bundesrepublik Deutschland
und
die Regierung der Republik Belarus –

im Bewußtsein der Notwendigkeit einer weiteren schnellen und effektiven Hilfe für die durch den Kernreaktorunfall von Tschernobyl betroffene Bevölkerung,

in Anbetracht der großen Hilfe, die durch deutsche private Initiativen und öffentliche Einrichtungen bisher geleistet wurde und geleistet wird, um die Folgen des Kernreaktorunfalls von Tschernobyl zu lindern,

in Erkenntnis der Notwendigkeit der gegenseitigen Unterstützung bei der Realisierung der Hilfsinitiativen, die durch private und staatliche Träger verwirklicht werden –

bekunden ihr Interesse, ihre Bereitschaft, die Zusammenarbeit bei der Linderung der Folgen des Kernreaktorunfalls von Tschernobyl fortzusetzen. Sie sind sich der Bedeutung insbesondere der privaten Initiativen zur Linderung der Folgen des Kernreaktounfalls von Tschernobyl bewußt und bekunden ihr Bestreben, die Effizienz und den Erfolg dieser Initiativen nach Maßgabe ihrer Möglichkeiten zu unterstützen, insbesondere durch folgende Maßnahmen:

1. a) Ständige Aktualisierung und Präzisierung des Bedarfs und der Prioritäten der Hilfe bei der Versorgung mit Medikamenten und medizinischer Ausrüstung,
   b) Hilfe bei der Gründung von medizinischen Zentren für Diagnostik und Behandlung von Schilddrüsenkrebs und anderen, durch radioaktive Strahlung verursachten Krankheiten,
   c) Hilfe bei der Aus- und Fortbildung des medizinischen Personals,
   d) Unterstützung der Initiativen für die Gesundung der durch den Kernreaktorunfall von Tschernobyl betroffenen Kinder, darunter Erholung der Kinder in Deutschland und die Unterstützung der Gesundungszentren in der Republik Belarus,
   e) Austausch von Information über bestehende und neue Initiativen zur Linderung der Folgen des Kernreaktorunfalls von Tschernobyl in Deutschland und in Belarus mit dem Ziel der Förderung der Zusammenarbeit zwischen diesen, insbesondere im humanitären und medizinischen Bereich. Das betrifft den Austausch der Adressen und Angaben über
      - Gruppen des Roten Kreuzes, kirchliche oder andere karitative Organisationen und Stiftungen,
      - Kinderheime, Internatsschulen, Kur- und Gesundungszentren, andere medizinische Einrichtungen, in denen die durch den Kernreaktorunfall von Tschernobyl betroffen Personen medizinisch behandelt oder ausgebildet werden,
      - Kontaktadressen zwecks Aufnahme von Partnerbeziehungen zwischen den einzelnen Gemeinden, Schulen und Krankenhäusern in Deutschland und den Städten, Rayons und entsprechenden Einrichtungen in Belarus.
2. Die Parteien werden im Rahmen ihrer Möglichkeiten Hilfe für Projekte und Initiativen leisten, die an der Lösung der Probleme des Strahlungsschutzes der Bevölkerung beteiligt sind. Insbesondere sollte der Erfahrungsaustausch über Strahlenschutzmaßnahmen, Untersuchungsmethoden und Wirkungsmechanismen der Strahlung gefördert werden.

3. Die Parteien haben Übereinstimmung erzielt, Maßnahmen einzuleiten, um Initiativen zur Linderung der Folgen des Kernreaktorunfalls von Tschernobyl zu unterstützen, und zwar:
   a) eine reibungslose und rasche Visaerteilung,
   b) Kennzeichnung der Hilfsgüter und Begleitpapiere als humanitäre Hilfe,
   c) im Fall der Benutzung von deutschen Fahrzeugen – die Anerkennung deutscher Führerscheine und deutscher Versicherungen,
   d) Gewährleistung für deutsche Begleitpersonen, die Hilfslieferungen bis zum Bestimmungsort zu begleiten, an der Verteilung der Hilfsgüter teilzunehmen und die Richtigkeit ihrer Verwendung zu überwachen,
   e) unverzügliche Erteilung ohne besondere Formalitäten (mit Ausnahme der im internationalen Verkehr üblichen Versicherung) der erforderlichen Genehmigungen für die Einfuhr und Beförderung von Hilfsgütern.
4. Beide Parteien sind einig darüber, daß eine schnellere und einfachere Grenz- und Zollabfertigung eine effektive und reibungslose Realisierung von Hilfsaktionen gewährleisten kann. Zu diesem Zweck sollen die Grenz- und Zollbehörden der Republik Belarus die erforderlichen Maßnahmen treffen, um folgendes zu gewährleisten:
   a) vorrangige Grenzkontrolle und Zollabfertigung von Fahrzeugen und Gütern der humanitären Hilfe,
   b) vereinfachtes Verfahren für das Ausfüllen der Zolldeklaration über eingeführte Güter,
   c) Befreiung von der Zahlung der Zollgebühren,
   d) ungehindertes Passieren von Verkehrsmitteln mit Hilfsgütern durch die Grenze und Durchführung der Zollabfertigungen am Bestimmungsort,
   e) Einräumung des Rechts, Postzolldeklarationen in deutscher Sprache zu verfassen,
   f) bei Problemen im Zusammenhang mit dem Transit- – sofortige gegenseitige Unterrichtung und Abstimmung zur Lösung dieser Probleme.

5. Beide Parteien werden sich beim Verdacht von Störungen von Hilfsinitiativen informieren und die Sachlage unter Beteiligung der jeweiligen Partner und Behörden aufklären.
6. Beide Parteien stimmen darin überin, daß sich ihre Vertreter zur Lösung der mit der Realisierung dieses Memorandums im Zusammenhang stehenden Probleme regelmäßig treffen werden.
7. Beide Parteien bestellen jeweils einen Vertreter, dem die Koordinierung der Zusammenarbeit zur Linderung der Folgen des Kernreaktorunfalls von Tschernobyl obliegt, wobei das für die Republik Belarus ein Mitarbeiter des Außenministeriums, für die Bundesrepublik Deutschland ein Mitarbeiter im diplomatischen Rang der deutschen Botschaft in der republik Belarus sein wird.
   Außerdem werden die belarussischen Zoll- und Grenzbehörden Personen bestimmen, die im Bedarfsfall unverzügliche Hilfe bei Konfliktsituationen leisten können.

Das Memorandum of Understanding wird ausgestellt in zwei Unterschriften, jede in deutscher und belarussischer Sprache, wobei jeder Wortlaut gleichermaßen verbindlich ist.

Bonn, den 3. März 1994

Für die Regierung der
Bundesrepublik Deutschland

Für die Regierung der
Republik Belarus

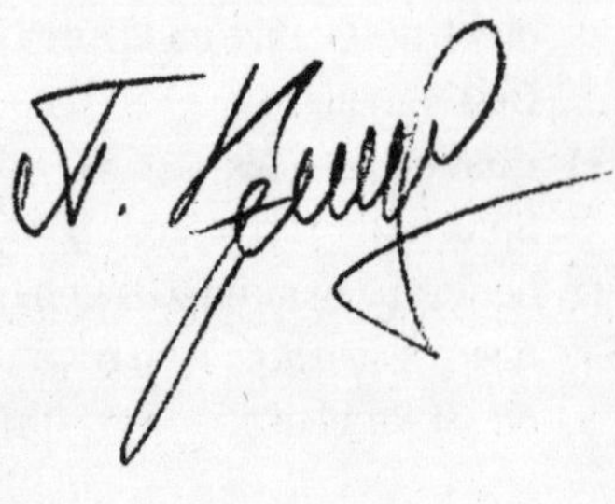

16. Biographische Daten der Autoren und der Mitarbeiter

DR. MARIO FEIGEL:
Dr. med. Mario Feigel, geb. 1940, Ausbildung zum Facharzt Anästhesie. Bis 1988 Oberarzt an der Anästhesieabteilung der Universität Kiel. 1988 Studium der Tiefenpsychologie am C.G. Jung Institut Zürich, Diplom 1994. Arbeit als Psychotherapeut und Oberarzt für Anästhesie im Seehospital Sahlenburg, Cuxhaven.

ANATOLI ISTOMENOK:
Anatoli Istomenok, geb. 1958 im Minsker Gebiet Rayon Borisov, studierte Deutsch und Englisch an der Hochschule für Fremdsprachen in Minsk und an der Universität Jena. 1986 bis 1993 Lehrer für Deutsch und Englisch, seitdem tätig als Dolmetscher für eine Handelsfirma.

MICHAIL KASLOWSKI:
Michail Kaslowski, geb. 1962 in Bolschye Ukropowitschi im Gebiet Minsk. Nach Besuch der Technischen Fachschule und Tätigkeit als Monteur Studium von Deutsch und Französisch an der Hochschule für Fremdsprachen in Minsk. Von 1986 bis 1989 Lehrer für Deutsch und Französisch, seit 1989 Assistent am Lehrstuhl für Psychologie der Hochschule für Fremdsprachen in Minsk. Seit 1993 ist er Mitglied im Vorstand der Minsker Stiftung „DEN KINDERN VON TSCHERNOBYL".

DR. LEW KOPELEW:
Lew Kopelew, geb. 1912 in Kiew, studierte Philosophie und Germanistik in Charkow und Moskau, promovierte im Mai 1941. 1941 bis 1945 im Fronteinsatz als Propagandaoffizier für deutsche Soldaten. Im letzten Kriegsmonat verhaftet, Anklage: Mitleid mit dem Feind. Fast zehn Jahre Gefängnis, Straflager. Nach Rehabilitierung 1956, unterrichtete er an Hochschulen, war Mit-

arbeiter am Institut für Kunstgeschichte. Seit 1980 in der Bundesrepublik. 1981 Ausbürgerung aus der Sowjetunion. Forschungsprofessur an der Bergischen Universität Wuppertal. 1981 Friedenspreis des deutschen Buchhandels.

FRANK NÄGELE:
Frank Nägele, geb. 1940 in Solingen. Ausbildung zum Großhandelskaufmann. Zusammen mit seiner Frau Malgorzata Koltun-Nägele aktive Mitarbeit bei der „SOLINGER HILFE FÜR MINSK – KINDER VON TSCHERNOBYL". Seit 1994 im Vorstand der „BUNDESARBEITSGEMEINSCHAFT DEUTSCHER TSCHERNOBYLINITIATIVEN.

DR. PIOTR SADOUSKI:
Dr. phil. Piotr Sadouski, geb. 1941 in Witebsk, Belarußland, besuchte von 1953 bis 1959 die Kadettenschule in Minsk und studierte von 1959 bis 1964 Germanistik und Hispanistik an der Linguistischen Universtität Minsk. Von 1964 bis 1990 Forschungs- und Lehrtätigkeit an der Linguistischen Universität, der Akademie der Wissenschaften, der Belarussischen Staatlichen Universität sowie der Pädagogischen Hochschule. Von 1990 bis 1992 Abgeordneter (Fraktion der Volksfront) des Belarussischen Parlaments und Vorsitzender des Auswärtigen Ausschusses und von 1992 bis 1994 Botschafter der Republik Belarus in Deutschland. Zur Zeit ist er Abgeordneter des belarussischen Parlaments und Lehrbeauftragter an der Linguistischen Universität Minsk.

DR. HELGE-D. SCHENK:
Dr. med. Helge-Detlef Schenk, geb. 1940 in Berlin, studierte Medizin in Göttingen. Seit 1981 ist er leitender Arzt des Institus für klinische Anaesthesiologie und Intensivmedizin des Evangelischen Krankenhauses Göttingen-Weende, Lehrkrankenhaus der Universität. Zur Zeit habilitiert er sich an der Universität Göttingen. Er ist u.a. im Vorstand der BUNDESARBEITSGEMEINSCHAFT „DEN KINDERN VON TSCHERNOBYL" sowie im Beirat der Stiftung des Landes Niedersachsen „KINDER VON TSCHERNOBYL".

PROF. DR. ERIKA SCHUCHARDT:
Prof. Dr. phil. habil. Erika Schuchardt, geb. 1940 in Hamburg, ist Professorin an der Universität Hannover. Studium der Sozialwissenschaften, Sonderpädagogik und Erwachsenenbildung. Publi-

kationen zur sozialen Integration von Randgruppen, zur Theorie der Beratung in der Aus-, Fort- und Weiterbildung sowie zur Lebenswelt- und Frauen-Forschung. Synodale der Evangelischen Kirche in Deutschland von 1972 bis 1990, Mitglied in ökumenischen Gremien des Weltkirchenrates, Vizepräsidentin der Deutschen UNESCO-Kommission. Seit 1994 Mitglied des Deutschen Bundestages (MdB).

MARK SPEICH:
Mark Speich, MPhil, geb. 1970 in Bonn, studierte Wissenschaft von der Politik und Zeitgeschichte, Neuere Geschichte sowie Staats- und Europarecht an den Universitäten Bonn und Cambridge. Er ist Doktorand an der Universität Bonn und wissenschaftlicher Mitarbeiter im Bundestagsbüro von Frau Professor Dr. Erika Schuchardt, MdB.

IRINA USSOWA:
Irina Ussowa, geb. 1966 in Ossipowitschi im Gebiet Mogilow. Nach Tätigkeit in Kfz-Elektrik-Werk studierte sie 1985 bis 1990 Deutsch und Englisch an der Hochschule für Fremdsprachen in Minsk. Seitdem Dolmetscherin und Übersetzerin für die Handelskammer, für die Zeitschrift für internationale Zusammenarbeit *DEMOD*, für die Zeitung *Racing for Belarus* und andere Printmedien.

Für eine menschliche Welt

Doron Arazi
Itzhak Rabin – Held von Krieg und Frieden
Biographie
Band 4490
Doron Arazi schreibt die sehr menschliche Geschichte Rabins als eines Helden wider Willen.

Wladyslaw Bartoszewski
Es lohnt, sich anständig zu sein
Meine Erinnerungen. Mit der Rede zum 8. Mai
Hrsg. von R. Lehmann
Band 4449
Ein Gejagter, der zum Helfer wurde und sich zeitlebens für Versöhnung einsetzte.

Hans-Peter Dürr
Die Zukunft ist ein unbetretener Pfad
Bedeutung und Gestaltung eines ökologischen Lebensstils
Band 4340
Gegen die Resignation und für eine hoffnungsvolle Zukunft.

Martin Luther King
Mein Traum vom Ende des Hassens
Texte für heute
Band 4318
Die wesentlichen Texte Kings, die seinen hoffnungsvollen Traum begründen.

Klaus Schäffer
Wir werden wieder glücklich sein, und alles war ein schlimmer Traum
Kinder im Krieg – Bilder und Texte. Geleitwort von Heinz Rühmann
Band 4317
Die Suche nach einer verlorenen Kindheit. Kinder aus Kroatien, Slowenien, Bosnien und Serbien zeigen, was sie im Innersten bewegt.

Kindern leben helfen

Karin Dörner/Christiane Nebel/Alexander Redlich
Geschichten für gestreßte Kinder
Vorlesegeschichten zum Entspannen und Mutigwerden
Band 4362
Im Miterleben dieser packenden Geschichten lernen Kinder, wie sie sich entspannen und mutig an ihre Probleme herangehen können.

Helga Hoff
Märchen geben Kindern Mut
Ein Buch zum Vorlesen, Malen, Spielen
Band 4385
Die kompetente Pädagogin lädt mit ihren Spielmärchen Kinder ein, der verunsichernden – weil für sie unverständlichen – Welt zu entkommen.

Günter Harnisch
Was Kinderträume sagen
Traumbilder verstehen, deuten, gestalten – Mit einem Lexikon der Traumsymbole
Band 4378
Es ist gar nicht so schwer, die Sprache des Kindertraumes zu entschlüsseln. Dieses Buch gibt dafür ganz konkrete Hilfen.

Thilo Kroll/Franz Petermann
Was kranke Kinder brauchen
Hilfen für den Alltag mit chronisch kranken Kindern
Band 4239
Ein Ratgeber vom ersten Arztgespräch bis zur Entlassung aus dem Krankenhaus – und für die Zeit danach.

Eva Zoller
Die kleinen Philosophen
Vom Umgang mit „schwierigen" Kinderfragen
Band 4344
Typische Kinderfragen können einem häufig die Sprache verschlagen.